U0946744

清代习惯法

梁治平 | 著

QINGDAI XIGUANFA

·桂林·

出版统筹_汤文辉
品牌总监_范　新
责任编辑_余慧敏　向　雳
书籍设计_广大迅风艺术
　　　　　徐俊霞
责任技编_李春林

图书在版编目（CIP）数据

清代习惯法 / 梁治平著. —桂林：广西师范大学出版社，2015.4
ISBN 978-7-5495-6391-3

Ⅰ. ①清… Ⅱ. ①梁… Ⅲ. ①习惯法－法制史－研究－中国－清代 Ⅳ. ①D929.49

中国版本图书馆 CIP 数据核字（2015）第 038018 号

广西师范大学出版社出版发行
（广西桂林市中华路 22 号　邮政编码：541001
网址：http://www.bbtpress.com）
出版人：何林夏
全国新华书店经销
广西大华印刷有限公司印刷
（广西南宁市高新区科园大道 62 号　邮政编码：530007）
开本：889 mm × 1 194 mm　1/32
印张：7.375　　　字数：150 千字
2015 年 4 月第 1 版　　2015 年 4 月第 1 次印刷
印数：0 001~6 000 册　　定价：30. 00 元

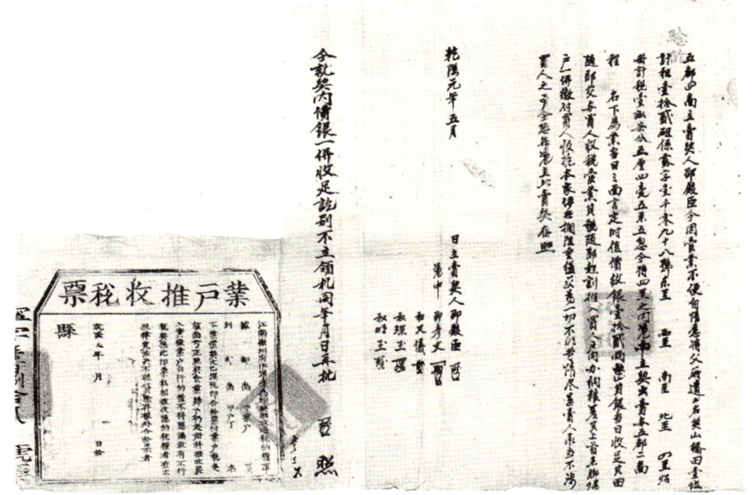

乾隆元年卖地契 此契契尾粘有官府发给的“业户推收税票”（田涛藏）

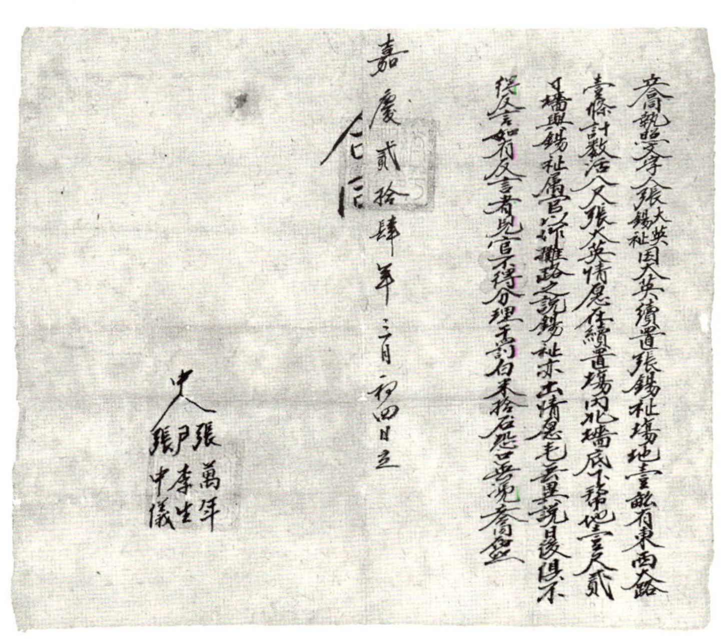

嘉庆二十四年合同契（田涛藏）

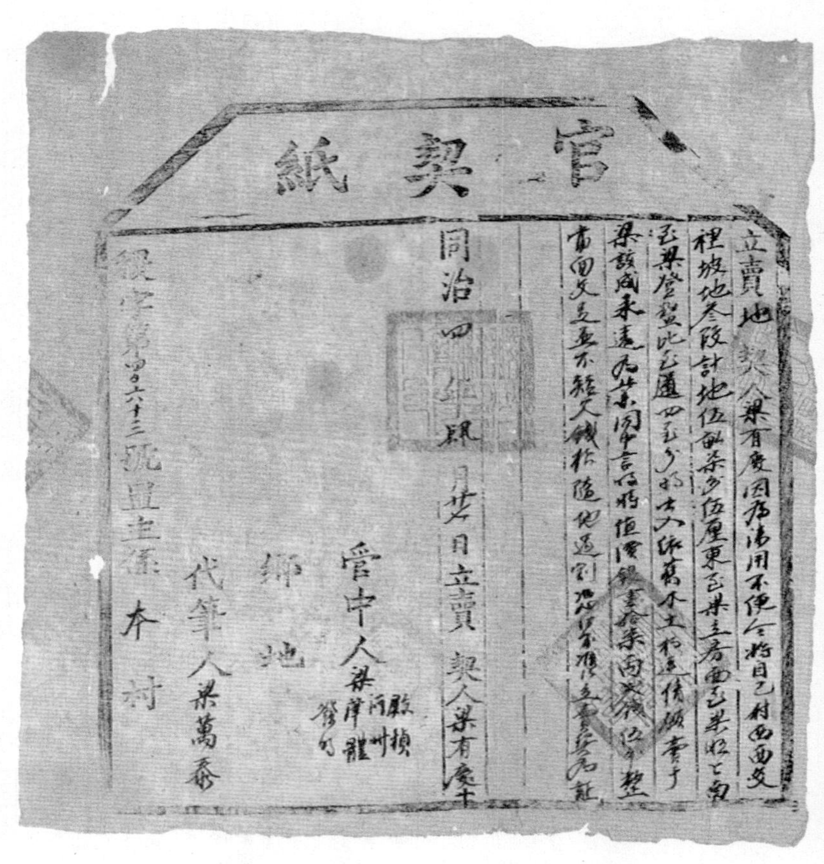

官契紙

立賣地契人梁有慶因爲清用不便今將自己村西西支裡坡地叁段計地伍畝柒分伍厘東至梁立房西至梁姓[illegible]南至梁登盤北至道四至分明出入依舊本土於道情願賣于梁頤成永遠爲業同中言明將值價銀壹拾柒兩[illegible]整當面交足並不短欠錢粮隨地過割恐口無憑立賣契爲証

同治四年　月廿　日立賣　契人梁有慶十

中人　梁[illegible]

鄉地

代筆人梁萬泰

[illegible]字第四百六十三號置主存　本村

同治朝官颁契纸（田涛藏）

立分单明白人路丙午烊并子姪茂华因为家事不合弟兄情愿分居所产地土各
分各占院内大北房係东间半东房係北间半西房係北间半南房係东一间二门外小
厦一间南房後园地係东一半大门外半院一所又北房後园地一方村西下原汫地上
下二段赵家堰地上下二段城南地一段村东居住地上下二段係兄分占大北房係西
间半东房係南间半西房係南间半南房係西两间南房後园地係西一半门外房
房院一所门前园地一方村西神仙里坟地一段庙前地一段南壕道地一段係弟地分占
弟兄各出情愿並无异说同亲族邻友立写分单两张各执一张永远存証
同治拾壹年叁月初九日立分单明白人路丙午烊十
又有路家院北房係东半间南房连门楼间半碾子一个两家許官
神仙里坟地得埋人不許耕种埋一墓宗捌粮银叁分

亲族邻友 王千祥
品端
路魁稜

同治十一年“分单”（田涛藏）

會券

同和順製

蓋會者古人常以為結納之情於今名彼
着今以為彙聚之事以義利有通具昔名
利兩全之設也予需数之今特相邀
親友雅愛玉成一會敦邀七位每各出英
洋四元弍角八斗 共成本洋叁拾元之數
付首會收領二會公擬每會每次填洋四
元弍角八斗 嗣後各會友所有應填之金已得未
得之數扣算以八個月一輪至期預先具

帖通知眾會摠鋪填足方可……
大者得收……
立收會書為憑一本存照

謹列芳名於左

汪兆廷宗先生 壹股
羅運泉先生 壹股
李瑞霖先生 壹股
陳觀龍舍親 壹股
江天喜仁兄 壹股
詹老三仁兄 壹股
官水海先生 壹股

首會 會正各友付英洋 四元二角八斗到底
弍會 已收付英洋 四元八角正 未 叁元……
叁會 已收付英洋 四元八角正 未 叁元……
肆會 已收付英洋 四元八角正 未 弍元……
五會 已收付英洋 四元八角正 未 弍元……

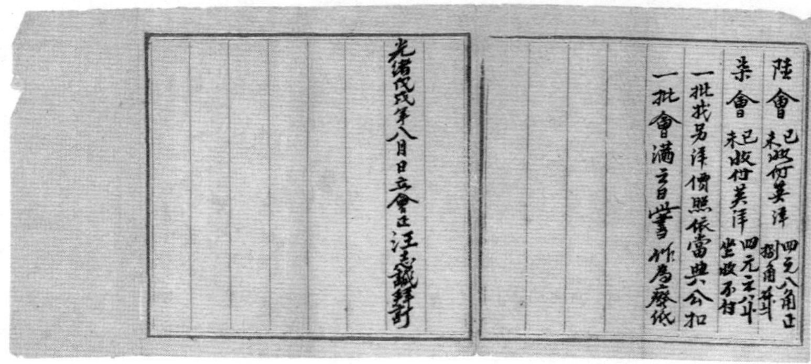

陸會 已收付英洋 四元八角正 未 ……
柒會 已收付英洋 四元二角八斗 未 收不付
一批找另洋價照依當典公扣
一批會滿之日繳書作為廢紙

光緒戊戌年八月 日立會正汪志誠押

光绪二十四年“会券”（田涛藏）

目　录

自　序

这本小书是一些机缘凑合的结果。

在完成于1988年的《寻求自然秩序中的和谐：中国传统法律文化研究》一书中，我用了相当的篇幅来讨论中国古代的“私法”或“民法”问题。不过，当时我所关心的与其说是这个问题本身，不如说是一些更大也更具根本性的问题，比如中国古代法律受什么样的精神支配，其内在的逻辑又是什么，等等，而我在探究这些问题的时候，又主要是从所谓“大传统”入手，对于“民间法”的各种形态则注意不够。这些都或多或少地妨碍了我对古代“私法”或“民法”的全面了解。

两年前，我得到了一个进一步考察这个问题的机会。当时，我应中国社会科学院外国文学研究所刘东先生之请参加了一个有关中国文化与现代化问题的研究计划。我决定继续中国古代“民法”问题的研究，并选择了“清代习惯法”作研究题目。

1994 年末,我提交了一份大约 6 万字的论文。这篇论文的篇幅已经大大超出了“研究计划”方面的要求,但仍不足以容纳我所要讨论的问题。于是,我在上述“研究计划”结束之后继续统一研究。论文最后在 1995 年 5 月间完成,题为“清代习惯法研究”,共 10 万余字,这就是本书的主干。

《清代习惯法研究》一文完成之后,中国文化研究所的刘梦溪教授决定全文收入正在筹备之中的《中国文化研究所学报》(第一卷)。又有一些热心的朋友敦促我尽早出版单行本,以广流传。几经犹豫之后,我把这样的想法商之于梦溪教授,承他惠允和支持,于是就有了这个单行本。当然,读者现在看到的这本书,不但新增加了“导言”和“跋”,而且书名也作了调整,这倒不是为了使本书看上去更像是一本书,而是为了更好地揭示书中所讨论的问题及其意义。事实上,关于清代习惯法的研究只是我计划中另一项研究的一个部分,而以目前的形式发表这一研究,终不免造成种种缺憾,这也是为什么我在决定出版单行本之前犹豫再三。

在中国法律史的研究当中,对于习惯法乃至一般所谓“民法”的研究向来都是非常地不够,这种情况的造成,与其说是因为材料上的欠缺,不如说是出于传统研究理论和研究方法的局限。近年来,这种情况正在改变。比如美国的一些中国历史学家主要由地方官府档案入手展开对清代和民国时期民事司法的研究,已有一些阶段性的研究成果发表;日本的明清法制史研究也在其以往研究的基础之上提出了许多重要问题。这些研究,读者从本书的相关讨论中应当能够约略地见出。当然,只是通过一些商榷性意见来了解这些研究及其重要性是很不够的。我希望这些域外的研究都能够及时和完整地被介绍给中国的研究者,相信这对于国内学者的有关研究是非常有益的。

在中国作学术研究,利用图书馆和获取最新的海外资料差不多同样困难。我应该感谢那些为我查找和提供资料的朋友,没有他们的帮助,这项研究不可能顺利地完成,这里,我要特别提到下面几位朋友的帮助:香港大学法学院的陈弘毅教授和福特基金会的张乐伦女士为我提供了一些当时不易获得的英文资料,日本九州大学法学部的王亚新教授提供和翻译了一些重要的日文文献,北京大学法律系的硕士研究生强世功代我查找和复印了一些对于本书来说是基础性的资料。此外,也感谢刘东先生为我提供了最初的研究契机;感谢刘梦溪先生应允我将《清代习惯法研究》一文作单行本出版。本书中制成图片的古代文书原件均由藏书家田涛先生提供,在此一并致谢。

1996年7月8日于北京万寿寺寓所

导　言

本书采取的是一个所谓法律社会学的视角，依此，法律被宽泛地理解为一种“使人类行为受规则统制的事业”（L. Fuller语），它也包括那种直接出自社会生活的活生生的秩序。这样一来，法律就不再被认为是国家的独占物，研究重点也因此从“大传统”转向“小传统”，从官府的法律转向民间的法律，或者，更确切地说，从国家法转向习惯法。

根据本书所作的界定，习惯法乃这样一套地方性规范，它是在乡民长期的生活与劳作过程中逐渐形成；它被用来分配乡民之间的权利、义务，调整和解决他们之间的利益冲突，并且主要在一套关系网络中被予以实施。就其性质而言，习惯法乃不同于国家法的另一种知识传统，它在一定程度上受制于不同的原则。然而，同样确实的是，作为“小传统”的习惯法从来都不是自主的和自足的，事实上，它是在与包括国家法在内的其他知识传统和社会制度的长期相互作用中逐渐形成的。由这里，产生了习惯法,广而言之民间法,与国家法之间既互相渗透、配合,又彼此抵触、冲突的复杂关系。其结果,民间法与国家法之间的界限也变得难以辨识。那末,这一切究竟意味着什么?当我们谈到由国家法转向民间法,从"大传统"转向"小传统"时,我们是否已经假定了国家与社会的分离,(进而)假定存在着一个国家对社会的二元格局?这种假定能够在上述经验研究中获得证实吗?反过来说,关于清代习惯法的研究在多大程度上能够证实或证伪这一假定,以及,关于中国古代社会的结构和形态,这样一种研究能够告诉我们些什么?本文将要讨论就是这些问题。

在试图把中国法律史的材料纳入一种社会理论框架中予以思考的学术传统中,1976年出版的《现代社会中的法律》一书也许是自马克斯·韦伯之后最可注意的一个尝试。该书作者,美国哈佛大学法学院的罗伯托·昂格尔教授,着眼于法律与社会形态的关系,提出了三种法律概念,即习惯法、官僚法和法律秩序。根据昂格尔的定义,习惯法只是反复出现的、个人和群体之间互相作用的模式,因此也是一种自发形成的、相互作用的法律。由于在习惯法阶段,国家尚未从社会中分离出来,这种法律便只能是全社会的,就此而言,习惯法不具有"公共性";与此同时,习惯法系由一些含蓄的行为标准而非公式化的行为规则构成,它又是缺乏"实在性"的。只是在法律进至所谓官僚法阶段时,"公共性"与"实在性"这两种要素方才具备。因为在这一阶段,国家与社会已经分离,法律开始由政府所制定和强制实施的明确规则所构成。[1] 根据昂格尔的叙述,历史上各主要文明都经历了“官僚法”这一阶段,但是最后,只有欧洲文明才在某种特殊的条件下创造出“法律秩序”。事实上,昂格尔关心的正是这个韦伯式的问题:为什么“法律秩序”最先并且仅仅(发生学意义上)出现于欧洲?也像韦伯一样,昂格尔试图通过历史比较的方法来探求和解答这一问题,这时,他发现公元前12世纪至公元前3世纪的中国历史为他的比较分析提供了一个恰当而有力的反例。[2]

昂格尔把他所关注的这段历史分为两个阶段,前一个阶段包括了西周以及春秋的前半期,后一阶段则由春秋中叶而至于秦灭六国和建立统一帝国。[3] 在昂格尔看来,这样一种阶段划分恰好反映出从习惯法到官僚法的递嬗,而与这第一阶段的社会形态相适应的所谓习惯法就是“礼”。昂格尔认为,“礼”非人定,它不过是社会中活生生的自发形成的秩序,是那种人们虽能破坏但却不能够创造的秩序,这种秩序最显明的特点在于它绝对地相信习惯,以至于不知成文规则为何物,它同时也对统

1 详见昂格尔:《现代社会中的法律》页42—46,吴玉章、周汉华译(北京:中国政法大学出版社,1994)。

2 见昂格尔上引书,页78。

3 中译本中这段话是这样的:“第一阶段……包括了西周的大部分,即(1122—771B.C.)以及随后的春秋的部分时期(772—464B.C.),大致上从公元前12世纪到公元前6世纪中叶。”(中译本页79)其中多费解之处。推测作者原意,中译似乎应为:“……包括了西周(1122—771B.C.)的大部分以及随后的春秋(772—464B.C.)的部分时期。”然而,作者下面又说第一阶段大致是从公元前12世纪到公元前6世纪,则它所包括的就是整个西周而不只是西周大部。又,春秋年代应为公元前770—公元前481年。中译本上的772显然为770之误(原文之误?),而以公元前464年为春秋迄年,不知所本何处。惜手边无原书可查,无法确定何为作者之误,何为译者之失,故出此注以存疑。

治者的自由裁量权施以最严格的限制。不消说,作为一种规范秩序的"礼",既缺乏"公共性",又没有"实在性",而这归根结底是因为,国家与社会尚未分离。[1]

昂格尔关于中国古代习惯法——"礼"的描述固然符合其理论模式,但从史学角度看却远非真实。首先,"礼"并不只是一些模范行为的隐蔽模式,有许多古代文献可以间接地证明,西周时代早已有了成文的法律,当时统治者的自由裁量权也并非受着习惯的严格限制。[2] 其次,"礼"也不只是一套相互作用的规范,其有效性全赖于整个社会关于价值和观念的牢固共识。[3] 相反,"礼"在相当程度上是靠"刑"来支持的。[4] 昂格尔在其关于"礼"的全部论述中完全无视"刑"的存在,也使他很难把他所谓的习惯法同其他习惯性社会活动区别开来。"结果,研究这种类型的法律何以会比认真研究伦理、宗教或其他社会惯例更能揭示'(一个社会)将人们联系起来方式的最深层秘密',则令人迷惑不解。"[5] 最后,昂格尔认定公元前6世纪以前中国国家尚未产生,更是容易引起争议。[6] 尽管涉及中国古代国家的起源与形态等问题,我们现有的知识远不能视为完备,

---

1 详见昂格尔前引书,页83—86。

2 参阅张伟仁:《传统观念与现行法制》,注四,载《法学论丛》第十七卷,第一期,1987;梁治平:《寻求自然秩序中的和谐:中国传统法律文化研究》页46—50(北京:商务印书馆,2013)。

3 参见昂格尔的引书,页85。

4 参阅梁治平:《"法"辨》,载《中国社会科学》1986年第4期。

5 安守廉:《不可思议的西方?昂格尔运用与误用中国历史的含义》页67,载高道蕴等编:《美国学者论中国法律传统》(北京:中国政法大学出版社,1994)。

6 参见安守廉上引文,页51—52。

但即使保守地说，一个与社会相分离的国家的轮廓在西周时期也已经清晰可辨。[1] 值得注意的是，昂格尔在谈到国家与社会分离的问题时，特别强调"两种行为标准的对立，即公共规则与私人活动领域规则的对立"。在他看来，这两种对立的规则的出现，表明了国家与社会的二元性发展。[2] 从昂格尔的论说中，我们可以隐约辨识出一个西方近代的社会理论模式，它强调国家与社会的"二元性"，重视"公共的"与"私人的"两个领域之间的界分。[3] 问题是，这种理论模式在多大程度上可以被用来说明和解释中国的历史。

以上关于昂格尔的讨论并不能直接用来解答本书开始时提出的问题，但是这种讨论至少在以下几个方面与本书的主题相关。

首先，昂格尔把他据以透视中国古代社会形态的法律称为习惯法。因此，即使是为了用语上的界分，我们也应当了解有关的理论。其次，昂格尔所讨论的"官僚法"及其所代表的那种社会形态，实际上构成了我在研究清代习惯法时也必须面对的大背景，这在一定意义上使得前后两段历史研究可以互相印

---

1 参阅许倬云：《西周史》（增订本）页 203—231（北京：生活·读书·新知三联书店，1994）。

2 见昂格尔前引书，页 53—54。

3 可以比较下面这段出自西方近代国家理论的论说："主权在政治实体内的公众与私人之间确定了一个明显的界限，它也在此一政治实体与彼一政治实体之间限定了各自范围。它意味着政治实体内的法律比以往更为'实在'，或更多的是由统治者所制定。"引自 M.G.福赛思：《国家》页 741，载邓正来主编：《布莱克维尔政治学百科全书》（北京：中国政法大学出版社，1992）。

证。再次,国家与社会的分合关系既是昂格尔社会理论上的关键环节,也是本文关注的基本问题。最后,即使不接受"每一社会都通过法律显示它用以团结其成员的那种方式的最深层奥秘"[1]的主张,我至少愿意承认,对一个社会的法律的研究肯定有助于我们认识这个社会的基本形态和其他一些重大问题,在人们对法律问题不够重视或缺乏足够了解的情况下尤其如此。就这些问题而言,对昂格尔的讨论不仅是本文的一个出发点,也是本文的内在有机部分。

研究古史的学者发现,中国古代国家的形成在两个重要方面与西方国家的早期发展不同。第一,国家的出现并非由于生产工具的重大改进,而是与固有亲属组织的变化有关。第二,这种国家并不把以地缘关系取代血缘关系作为条件,而是在很大程度上保留并且依赖血缘组织及其原则。[2] 这种亲缘的政治化和政治的亲缘化,造成一种家国不分、公私不立的社会形态,其反映于法律,则是内外无别、法律与道德不分,[3]这里,法律与社会形态确实具有一种紧密的内在关联,而当昂格尔错解了中国法律的时候,他也错解了当时的社会形态。

---

1 昂格尔前引书,页41。

2 参阅张光直:《中国青铜时代》页1—56,288—312(北京:生活·读书·新知三联书店,1983);《考古学专题六讲》页1—24(北京:文物出版社,1986);《中国青铜时代》(二集)页115—130(北京:生活·读书·新知三联书店,1990)。

3 参阅梁治平:《寻求自然秩序中的和谐:中国传统法律文化研究》,第一章。这里需要补充说明的是,西周之毛公鼎铭文中邦、家已有区分(见许倬云前引书,页229—230);《诗经·大田》之"雨我公田,遂及我私"亦暗示了土地制度中的公私观念。本文所谓"家国不分,公私不立"则侧重于二者原则的贯通以及两个领域间界限的模糊不定。

春秋战国时代，中国社会经历了极为广泛的变革，至秦汉统一帝国建立，一种新的文明出现了。尽管如此，早期家国不分的传统仍以某种方式延续下来。新的政治哲学把家与国安排在一个同质的序列当中，于是，孝道变成为治国的最高原则，教化则是地方官的基本职责。这种格局一直保持到帝国的终了而没有根本性的改变。这些对于我们要讨论的国家与社会关系问题无疑具有重要意义。不过，既然我们已经不止一次地使用“国家”与“社会”这一对概念，在进一步讨论之前，对它们作一些清理和说明显然也是必要的。

根据较为一般的用法，“国家”通常被等同于政治实体或政治共同体。这种作为普遍现象的国家被视为一种行为或事业，其基本特征表现为：第一，它建立了人类与其占有物之间的固定关系；第二，它预先设定了一个有序权力或统治形式；第三，它维持自身的行为具有专门性与特殊性，因此区别于不属于这一共同体的其他行为。[1] 仔细考虑这个定义，仍然可能对其普适性提出怀疑，比如第三条所强调的国家与其他共同体的区别。这也许是因为作者在强调国家这一政治实体的连续性时，实际上更多考虑到西方文明的经验。尽管如此，仍有许多历史学家和政治理论家认为，“国家”一词的运用应当仅限于文艺复兴和宗教改革以后在欧洲发展起来的那种政治实体，笼统地以之表示一切政治实体有歪曲和混淆历史发展过程之虞。[2] 这种

1 见 M.G.福赛斯：《国家》页 740，载邓正来主编：《布莱克维尔政治学百科全书》。

2 参见 M.G.福赛斯上引文，页 741。

看法并非没有道理，事实上，今天人们通用的“国家”（State）一词乃14世纪以后的产物，当这个词逐渐被用来指称政治实体时，是与主权概念的发展结合在一起的。依照这种观念，没有主权的国家至少不被认为是完整的国家。[1] 然而，基于同样的理由，把具有这种含义的国家概念运用于非西方文明，也很容易导致对历史的歪曲和混淆。

与“国家”概念相比较，“社会”概念的发展也有类似情形。分析性定义通常把社会视为相对独立或自足的聚居人口（population），后者以内部组织、土地、文化特性以及两性的补充为特征。[2] 如此定义的“社会”既可包括家族与村落，也可以包括城市与国家。不过，从历史上看，“社会”这一概念在很大程度上是作为“国家”概念的对应物出现的。在不同的著作家那里，“社会”与“国家”的关系不尽相同，但是一般的倾向，是以“市民的”、“经济的”和“私人的”特性归诸“社会”，使之与国家相对峙。[3] 这些理论最终以“市民社会理论”而闻名，并且成为近代以来西方社会理论发展中的一条重要线索。事实上，诸如“国家”和“社会”这类最基本的概念，首先是出于这段历史和这些理论。

在有关中国历史的研究中（无论在中国还是在其他地方），

1　参见 M.G.福赛斯上引文，页 738—741。

2　参阅 L.H.Mayhew，“Society”，页 577，载 *International Encyclopedia of the Social Sciences*, Vol.14（New York：The Macmillan Company & The Free Press，1968）。

3　参阅 L.H.Mayhew 上引文，页 578—583；J.哈贝马斯：《公共领域》，以及 C.泰勒：《原民间社会》，均载甘阳主编：《社会主义：后冷战时代的思索》（香港：牛津大学出版社，1995）。

“社会”与“国家”的概念早已成为人们必须使用的基本分析工具,不仅如此,这些概念的普遍运用业已达到这样一种程度,以至于绝大多数研究者不再保有(或者从来就没有)关于这些概念的历史与文化限度的足够意识。这种情形对于中国历史研究所产生的影响自然不容低估。在最近美国的中国学研究当中,一个引人注目的发展是借用近年来重新开始突显的“市民社会”理论来构建新的解说近代以来中国历史的模式。在一批相当深入细致的区域性研究著作中,论者关注的是社会与国家关系的变化、公共领域的出现,以及相应的制度和观念的演变。[1] 这些尝试业已引起相当广泛的讨论和批评,后者包括对“市民社会”概念以及国家—社会二元模式适用性的质疑。[2] 这里,我只提出和讨论美国加州大学洛杉矶校区(UCLA)黄宗智教授的观点,这不仅是因为,他就中国历史研究中的市民社会理论作了进一步的反省,更主要的是因为,他的这种反省以及他由此得出的结论,在很大程度上是出于他对清代法律的研究。

黄宗智认为,“公共领域”和“市民社会”概念在被应用于中国时已预先假定有国家与社会的二元对立,而这种对立是从西方近代历史经验中抽象出来的理念,以此来理解中国问题并不

---

1 参阅杨念群:《近代中国研究中的“市民社会”——方法及限度》页 29—33,载《二十一世纪》1995 年 12 月号。

2 参阅杨念群上引文,页 33—36;德利克:《近代中国的市民社会/公共领域》,载《中国社会科学季刊》1993 年 8 月总第四期;尤其可以参阅《近代中国》学刊 1993 年第二期中国市民社会研究专号:“中国的公共领域/公民社会? 中国研究的范式问题(三)”。

合适。他认为应当超越"国家/社会"的二元模式,而采用"国家/第三领域/社会"的三元模式。这个强调所谓"第三领域"的新的解释模式,正如黄氏自己所指陈,在理论上仍然是受哈贝马斯关于公共领域理论的启发,在经验上则首先来自他自己对清代"民事法律制度"的研究。[1]

在稍后发表的《非正式调解与正式裁判之间:清代民事法律制度的第三领域》一文中,黄氏通过对取自清代巴县(四川)、宝坻(顺天府)及淡水—新竹(台湾)共628件官府档案文书的分类研究,为我们勾画出一个他称之为"第三领域"的制度空间。正如这篇文章的标题所显示,这一领域既非在社会之内,也非在国家之内,而是在此二者之间,且由二者的共同参与所形成。黄氏指出,在清代,提交官断的纠纷有相当数量是在诉状已呈之后和庭审判决之前了结,其方式是通过正式司法制度与非正式司法制度的互动。这种特殊的解决诉讼的方式,可以被看成衙门同社群或氏族之间的制度性对话:一方面,社群或氏族会在诉状呈递衙门之后更加主动地争取纠纷的庭外解决;另一方面,通过县官对两造诉状所作的公开批拟,衙门的初步意见也会直接影响到社群中正在进行的调解,由此方式产生的"和息",既不同于衙门的正式裁判,也不同于社群或氏族的非正式调解,而是正式与非正式两种司法制度的某种折中。县官的意见依循朝廷律例,民间调解则以息事和妥协为主要目标。

---

1 见黄宗智:《国家与社会之间的第三领域》页71—81,载甘阳主编:《社会主义:后冷战时代的思索》。

二者的互动及其半制度化的保障,构成清代司法制度"第三领域"的主要内容。[1]

与前述昂格尔对中国古代法律的论述相比,黄宗智关于清代法制的研究看上去要扎实得多。但是仔细考量其解说背后的理论预设,我们对这一研究可能提出的问题并不更少。首先,黄宗智虽然明白提出要超越"国家/社会"的二元模式,但他始终没有就这两个基本概念的近代的和西方的历史文化渊源作进一步检讨,更不曾把它们置于不同的历史文化背景下予以检验,相反,他基本是把自己限制在哈贝马斯"公共领域"理论的框架之内。这多少意味着,他实际上也像他所批评的其他学者一样,是以从西方近代历史经验中抽象出来的理念去理解中国的现实。[2] 反映于法律研究方面,最显明的一点是他过分突出和强调了民间调解与衙门裁判二者之间的差异和对立。依他的说法,前者以常识和人情为依据,以息事和妥协为目的,后者则以朝廷律例为判准,以明断是非为目标。[3] 这种区分与其背后有关社会与国家的预设正相对应,即一个基本是同质性的社会对一个同样是同质性的国家,只有在这样的背景之下,经由二者互动而产生的"第三领域"才是可能的。然而,这个法律上的"第三领域"究竟是什么呢?

在前面提到的有关清代司法制度的文章中,黄氏着重研究

---

1 详见 Philip C.C.Huang,"Between Informal Mediation and Formal Adjudication: The Third Realm of Qing Civil Justice",载 *Modern China*, Vol.19, No.3 July 1993,251—298。

2 参见黄宗智:《国家与社会之间的第三领域》页 71。

3 详见 Philip C.C.Huang 上引文,页 272—273;《国家与社会之间的第三领域》页 81。

了诉讼过程中的某个中间阶段，即控诉为官府受理之后而未获最终裁判之前的那个阶段，并通过具体案例仔细说明了“社会”与“国家”在这一阶段中的“对话”和“互动”：诉讼的两造根据对胜诉可能性的预测和对诉讼成本的估算等而决定是否让步、接受调解和撤回诉讼；其亲友往往因为讼事而加紧斡旋；县主通过在呈词上作公开批答而对法庭外的调解施以影响；连接正式与非正式制度的人物——乡保——上通下达，在民间调解中起着或大或小的作用。[1] 问题是，这一切究竟说明了什么？如果只抽取其形式特征，黄氏所描述的这种互动模式甚至可以搬用到诸如美国这样发达的现代社会。在那里，同样存在着“正式的法律”和“非正式的法律”，存在着两种制度之间的“对话”和“互动”。[2] 诉讼当事人也一样根据他们对诉讼成本的计算，对诉讼结果的预测，以及，由正式制度方面获得的反馈，来调整自己的行为，包括在可能的情况下中止和撤回诉讼、达成和解或妥协等，而在他们之间以及他们和国家之间起沟通作用的，是律师这样一个谙熟法律的职业化的群体。这是否意味着“社会/第三领域/国家”的三元模式同样可以来说明当代美国社会？或者，清代中国的社会和法律形态事实上与当代发达国家

---

1 详见 Philip C.C.Huang 上引文，页 272—280。

2 把法律分为“正式的”(formal)和“非正式的”(informal)，这种区分出自美国的法律社会学家，详见 Lawrence M. Friedman, *American Law*, ch. 2 (New York: W. W. Norton & Company, 1984)。应当指出的是，这是一个相当“现代”的分类，它间接反映了现代人关于国家和法律所持的观念，因此，在把这种分类运用于历史研究的时候，人们很容易于无意中歪曲和混淆了古代人的生活世界，比如，当我们把家族法或者行会法指为“非正式的”制度时，这对于可能一直都生活在其中的人们来说究竟有什么意义呢？主要是出于这方面考虑，我最终没有采用这一分类。

的社会和法律形态非常近似？抛开对这些可能性的种种怀疑不谈，黄宗智关于清代法律制度中“第三领域”的论说仍不能令人信服。

在黄氏提到的与他所谓“第三领域”有关的各种制度、活动和人物里面，究竟有什么具有如此确定的内容与自身特征，以至能够构成一个介于社会与国家之间而又独立于此二者的另一个“领域”？[1] 作为国家法上的一个程序，诉讼的“中间阶段”当然是“正式的”制度的一部分。在这个阶段，“社会”与“国家”之间频频发生“互动”，但是最后，并没有一套既不同于“正式法”又区别于“非正式法”的原则和规则产生。县主对呈词的批答固然能够影响当事人的选择和调解的成败，但是这些简单的批示大多只涉及相关事实，它们所依据的与其说是对法条的正确把握，不如说只是普通人的常识。至于那些沟通“社会”与“国家”的人物如乡保，他们既不是一个职业化的群体，也不曾创造可能与之相关联的惯习、标准、规则等。那么，是什么使得研究者由上述活动场景中看出一个独立领域的存在？[2] 当黄氏批评另一些研究者或者由社会方面或者由国家方面去解释诸

---

1 这里所谓“独立”，非谓其不受社会与国家影响，而指其具有自身特征和运作逻辑，既非附属于社会，亦非附属于国家。正是着眼于这一点，黄氏认为可以父母影响子女来比喻国家、社会与“第三领域”的关系。详见黄宗智：《国家与社会之间的第三领域》页78—90。

2 在法律制度之外，“第三领域”还有其他来源和表现。在涉及这些不同方面时，黄宗智似乎倾向于使用一些不同的标准，比如，在法律方面是（二者的）“互动”，在行政方面是“身份”，在公共事务方面则是“事务”。此外，这个清代的“第三领域”模式，还被认为一直延续至当代（详见黄宗智：《国家与社会之间的第三领域》页81—94），这时，作者似乎完全无视最近一百年里中国国家与社会经历的深刻变化。关于这些问题，本文在此无法详细地讨论。

如晚清商人组织现象是一种简单化做法的时候,他无疑是对的。在强调清代社会与国家之间关系的复杂性时,他同样也是对的。但是,当他把那些复杂的关系实体化为所谓"第三领域"的时候,他犯了与其他人所犯的差不多是同样的错误。他抛弃了社会与国家的二元模式,但却不加批判地接受了同样的社会与国家的概念。换句话说,他的"社会/第三领域/国家"的三元模式,是以(与二元论者)同样的关于"社会"和"国家"的假设为前提,据此假设,"社会"与"国家"乃相对峙的不同质的实体。这个未经反省的预设不但决定了构想中的"第三领域"的性质和特征,而且使得研究者过分夸大了他所谓"正式的"法律与"非正式的"法律之间的差别和对立。

从"民间法"的角度看,[1] 黄宗智在研究清代地方衙门档案时涉及的主要是习惯法和宗族法。后者,连同行会法,按我在其他地方的解释,广义上也可以被视为习惯法。[2] 显然,由法律入手去讨论社会与国家关系这类基本问题,以广义的习惯法作背景是恰当的,不过,为了论说的方便,下面在谈到习惯法时,除非另有限定,仍然保持其狭义的用法。

在中国,运用法律来实施统治是一种极其久远的传统。秦汉以还,每一个朝代都有大量的法律典章流传下来。清代的法典直接承自明代,然而其基本精神、内在逻辑、篇章结构乃至于

---

1 关于"民间法"的说明,参见本书第 34 页以下。

2 参阅本书页 36—38。更详细的说明,参见梁治平:《中国法律史上的民间法》,载《中国文化》第 15—16 期,1997 年合刊。根据黄宗智对其所利用的档案的分类,很难判定它们是否涉及行会法。尽管如此,我们仍有理由在下面的讨论中也注意到这一法源。

一般用语,实际在隋唐时候就已经大体确定下来。当然,清代社会已经在许多方面不同于唐代社会,这些变化也直接或间接地反映在法律上面。乾隆五年(1740)颁行的《大清律例》,在436条律文之外,尚有“附例”1049条。这些条例随时损益,包含了有关社会变化的大量信息。不过,即使把这些条例以及各省省例和地方官告示等地方性法规也一并考虑在内,我们仍无法令人满意地透过国家法观察到当时社会的变化,尤其是以日常经济活动为重要内容的民众生活世界的变化。这部分是因为,以执行道德为目标的国家法视“户婚田土钱债”一类事务为“薄物细故”,从来不予重视;[1]部分是因为,古代国家受文化与社会两方面因素的制约,很难主动且有效地干预这个每日都在发生着变化的世界。然而,这并不意味着这个世界里没有或者缺少法律,除非我们坚持某种僵硬、狭隘和陈旧过时的实证主义的法律定义。

生长于民间的法律有着各种各样的形态。宗族法和行会法主要与特定团体有关,习惯法则更多具有地域特征,由于这些和其他原因,这些不同渊源和形态的法律在成文化程度、运作方法、调节范围以及可辨识度诸方面也存在或大或小的差别。不过,总体上说,它们之间的共同特征更甚于其差异。首先,它们均生成于民间,因此,相对于国家法,乃所谓“民间法”;其次,在风俗、惯习以及法律所构成的连续体上,它们多少靠近

1 参阅梁治平:《寻求自然秩序中的和谐:中国传统法律文化研究》,第四章、第九章。

于习惯的一极（尽管程度不一），因此可以被称为广义上的习惯法；在第三个方面，应当指出，这些基于习惯而形成的规范已经具有这样和那样的特征，以至能够毫不含糊地被我们称为法律而有别于普通的风俗或常规等；最后，在调节范围方面，它们涉及的恰好是"户婚田土钱债"以及日常纠纷一类向为治者轻忽的细微节目。换言之，在"天高皇帝远"的日常生活世界，它们构成了秩序的基础。

说"民间法"生长于民间，只是就其起源而言，并不意味着其发展完全是在国家之外，与国家法全无干系。同样，指出宗族法或者习惯法的适用范围，也不意味着在这些范围和领域之内，它们对于国家法具有排他性。从理论上说，所有民间纠纷，无论其性质与所涉范围如何，均可提交官断，而在事实上，尽管由于种种原因，争讼只占全部民间纷争的极小一部分，其绝对的数量，至少在明清两代，也是相当可观的。在这种场合，由于国家仍然乐于认可和常常依赖于民间的解决办法，民间法与国家法遂获得一种重要的"对话"和"互动"的渠道。只是，这种"对话"和"互动"并非发生在两种截然不同、界线清晰乃至彼此对立的制度之间。

首先,民间调处[1]并不简单是一种非法律甚至反法律的解纷办法,问题在于,当我们把这类民间的解决办法称为"调解"的时候,它们先于、外在于和区别于法律判决的特性就已被潜在地规定下来,[2]然而事实上,它们是制度,这些制度建立在大量具有实效的行为规范的基础上面。的确,它们与常识和人情并不相悖,也可以息事和妥协作为目标。但是这些特征既不是"非正式的调解"与"正式的裁判"之间的区别所在,也不是"习惯"所独有而不同于"法律"之处。难道整个帝国的法律不都是建立在情理的基础上面?[3] 难道历来明敏断案的法官不同时也是秉有健全常识且善于调合法意与人情的能手?[4] 甚至,息事和妥协也未尝不是地方官在处理"寻常词讼"时优先考虑的目

1 就讨论对象而言,此处所谓"调处"即黄宗智文章中谈到的"调解",但就概念来说,这里的一字之差包含了细微而有意味的差别。首先,"调处"系历史上之固有词语。其次,当时这种制度并非完全基于当事人之间的自愿,而带有强制成分(参见郑秦:《清代司法审判制度研究》页218—220。长沙:湖南教育出版社 1988),这一特征实际上为官方和民间调处所共有而区别于现代社会的"调解"。因此,在讨论清代法制问题时,我选择"调处"一词。问题是,英文mediation对"调处"与"调解"并未加以区分,而黄宗智在翻译这个词的时候,也选用了"调解"一词(见黄宗智:《中国农村的过密化与现代化:规范认识危机及出路》页155—157。上海:上海社会科学院出版社,1992)。这就是为什么,我在引用和讨论黄宗智上述文章的时候,一直采用"调解"的说法。

2 也像法律上"正式"与"非正式"的区分一样,区分"调解"与"判决"也是一种隐含了现代意识的分类。强调"非正式的调解"与"正式的裁判"之间的区别更是如此。

3 "揆理准情,缘情定法"(《大清律例》卷一,徐本奏疏)。这可以说是贯穿于历朝法典的总原则,不仅如此,"情理"也是司法的原则,而在由州县自理的细微案件中,"情理"原则的运用尤为突显。

4 参阅《明公书判清明集》卷四至卷十所收判词(北京:中华书局,1987);梁治平:《法意与人情》页233—239(北京:中国法制出版社,2004)。

标。[1] 这样说当然不是否认国家法与民间法之间的差别以及二者冲突的可能性,也不是要否认,与在每一个具体案件中综合考虑各种因素以达致某种平衡的做法相比,早已载明典章的国家条法具有更强的"明是非"的功用。然而,类此法条在指导地方官审断今人所谓"民事"案件时到底具有多大的重要性呢?古代法典中有关所谓"民事"的规定极为简单且无系统,除了这一显明的事实,这些为数甚少的法律规定是否在法律实践中被严格地执行也大可怀疑。黄宗智教授在他最近发表的研究中宣称,清代地方官在申理"民事纠纷"时非常严格地依循律例,[2] 但是他由具体案例中发掘和展现给我们的最终不过是一些隐含的"原则",而这些原则很难说只是为国家法所有。[3] 与黄氏上面的看法完全相反,日本学者滋贺秀三在同样是经验研究的基础上指出,清代的民事审判,无论是官府的还是民间的,并不依成文法或习惯法来进行,而是根据每一具体事件的特殊性,以合乎"情理"为最终的解决。[4] 滋贺以为清代民事审判(官方的和民间的)并不以惯例为判准,更进一步认为这些惯例还不

---

1 事实上,从地方官接到呈词、决定是否受理开始,直到中间的批示、劝谕、调处乃至最后的判决,息事和妥协的原则往往贯穿始终。在更广的意义上,这也是中国传统法律文化上的一大传统(参见梁治平:《寻求自然秩序中的和谐:中国传统法律文化研究》页199—213)。

2 详见 Philip C.C. Huang, "Codified Law and Magisterial Adjudication in the Qing," 载 K. Bernhardt and P. C. C. Huang 编 *Civil Law in Qing and Republican China*。(Stanford University Press, 1994)。

3 详见本书页 138 注 1。

4 参阅寺田浩明:《关于清代土地法秩序"惯例"的结构》页 651—653。载刘俊文主编:《日本中青年学者论中国史》(宋元明清卷)(上海:上海古籍出版社,1995)。

具有"法"的形态,这些观点尚有商榷余地。不过,他关于民间解纷与官方裁判两种方式原则上一致的看法很值得我们注意。事实上,清代民间法与国家法之间的互相渗透、配合以及逻辑上的内在关联,有着更为广泛的表现。比如,许多宗族规约收有康熙九年(1670)颁行全国的"上谕十六条",有的甚至将清律例中相关条款择要录入。[1] 又比如,宗族与行会为加强其威权和在遇有争讼时易于获得官府支持,屡有将已经制定的族约、行规送呈官宪验明批行者。[2] 甚至在没有组织机构和缺乏明确规条的场合,也有民人赴官请愿,要求把自己的主张通过告示和立碑方式确定下来的情形。[3] 在另一方面,虽然官府并不以行规、族约以及各地方俗例为"法",更不会在审判过程中受其拘束而予以严格适用,事实上却常常将其决定建立在民间既存的规约、惯例和约定上面,当这些规约、惯例和约定并非明显与国家法上相应原则相悖时尤其如此。[4] 从某种意义上说,官府所适用的即法律。这里,不但习惯与法律,而且民间法与国家

1 参阅朱勇:《清代宗族法研究》第5章(长沙:湖南教育出版社,1987);冯尔康等著:《中国宗族社会》页238—242、345—346(杭州:浙江人民出版社,1994)。

2 参阅朱勇上引书,页174—176;冯尔康上引书,页347—350。

3 参阅寺田浩明:《关于清代土地法秩序"惯例"的结构》页659—671。载刘俊文主编:《日本中青年学者论中国史》(宋元明清卷)。

4 参阅本书第128页以下。

法的界线也变得模糊起来。[1]

民间法与国家法既然不是界线分明、截然两分的二元，被认为是通过二者互动而产生的第三元又如何成立？在黄宗智教授视为关键的诉讼中间阶段，官府调处与民间调处相结合，但这并不意味着有一个介乎民间调处和国家法律之间且区别于此二者的“第三领域”存在，恰恰相反，它表明了二者之间的内在关联：作为一项优先考虑的价值和目标，调处息讼无论在民间还是官府均被奉为基本原则。而表现于诉讼中间阶段的官、民“互动”，大抵可以视为“官府和乡邻的力量一体动员，为调处息讼而努力”[2]的过程。换言之，清代法律制度上的官、民“对话”，以及更一般意义上民间法与国家法之间的“互动”，既不是司法的“第三领域”建立于其上的基础，也不能证明存在使这种“第三领域”成为可能的“非正式调解”与“正式裁判”的二元格局，它们所表明的，是一种比较无论二元模式还是三元模式都不相同而且更加复杂的关系模式。这种认识为我们重新了解中国历史上社会与国家关系的性质和特点提供了另一种可能。

---

1 参见 Hugh T.Scogin，“Civil‘Law’in Traditional China：History and Theory”；Mark A.Allee，“Code，Culture，and Custom：Foundations of Civil Case Verdicts in a Nineteenth Century County Court”，页 134—135，均载 K. Bernhardt and Huang 编 *Civil Law in Qing and Republican China*.（Stanford University Press，1994）。Hugh T.Scogin 特别强调了习惯—法律这种两分法的西方法理学内涵，认为它不适用于中国法律史，不过，他和 Mark A. Allee 在指出习惯即法律时似乎都把国家的认可视为前提，这与我所批评的 van der Sprenkel 的立场是一致的。关于我对这一问题的讨论，见本书第 142 页以下。

2 郑秦：《清代司法审判制度研究》页 219—220（长沙：湖南教育出版社，1988）。

如前所述,中国古代国家早在商、周时代就已形成,而就国家一词的最基本含义而言,它当然有别于社会。只是,人类历史上的国家形态各不相同,国家与社会的关系也不存在统一的模式。本文前面关于昂格尔所谓中国古代"习惯法"的讨论业已表明,中国古代国家及其与社会的关系,甚至与古罗马国家和欧洲中世纪国家相比也有很大的不同。[1] 至于产生较晚的民族国家观念,自其输入中国,即与传统的国家观形成对照,更难用以说明中国古代的国家与社会形态。

较早注意到这一点的中国学者是梁启超。他在 1922 年出版的《先秦政治思想史》的"序论"中写道:中国人自有文化以来,从未以国家为人类最高团体,其政治论常言天下,而国家不过与家族同为组成天下之一阶段,故其向外对抗之观念甚为薄弱,向内之团结亦不大感觉必要。这种"反国家主义"或"超国家主义"的政治论深入人心,于政治实况影响甚深。[2] 梁启超之后,就此问题作进一步讨论的学者不乏其人,其中,最可注意的或许是梁漱溟。在出版于 1949 年的《中国文化要义》一书中,梁氏专辟一章讨论中国之国家问题,其主要论点是,与西洋建立于阶级社会基础上的国家相比,中国实在不像是一个国家。在这里,因为缺乏阶级对立,以至国家与社会界线不清,国家消融于社会,社会与国家相混融。社会与国家,不像在西方历史上那样分别对立。这一点,反映于政治上,便是消极无为主义

1 参阅梁治平:《寻求自然秩序中的和谐:中国传统法律文化研究》,第一章、第五章。

2 详见梁启超:《梁启超哲学思想论文选》页 400(北京:北京大学出版社,1984)。

的流行。历代政治皆以“不扰民”为其最大的信条,以“政简刑清”为其最高的理想。中国人的国家观念,亦部分由这些事实产生。[1]

应当承认,梁漱溟对于中国古代国家与社会诸问题的把握,相当地敏锐和富有启发性。而且,正如我们下面将要看到的,梁氏的一些基本观点,在晚近一些东、西方学者的相关研究中也可以得到进一步的印证。这里,我将由传统上的基本范畴(内部立场)入手,以现时通用的分析性概念(外部立场)作为参照,将国家与社会这一主题作进一步的展开。

“社会”、“国家”一类概念,恰如梁漱溟所指出,原非传统的范畴,而是海通以后输入之新观念。[2] 若取传统观念中与之最接近者,则有大约三组概念可以注意。

第一组概念是家—国—天下。在某种意义上,“家”与“国”可以比之于“社会”与“国家”,然而其关系却远非分别对立。事实上,这个出自儒家经典的著名公式更多地暗示了家与国在构造原则上的共同性。这种共同性最后又抽象、统一于“天下”的概念。与家、国相比,“天下”所代表的与其说是一更大的实体,不如说是一套更具根本意义的秩序和价值。而对这套文化价值的强调,导致了对身家于天下之间其他事物如阶级、种族、国

1　详见梁漱溟:《中国文化要义》页 162—188(上海:学林出版社,1987)。
2　梁漱溟上引书,页 166。

家的超越和轻忽。[1]

另一组概念是公—私。历史上,公、私的概念不仅是哲学上和伦理学上的基本范畴,而且具有制度的意味。当代有学者认为,中国传统社会的统治体制,可以分为"公"与"私"两大系统,即国家与乡族的双重统治。[2] 这种分法约略相当于传统的家、国之分。循此思路,则"公"、"私"的分别对立,可能被作为区分国家与社会的基准。事实上,晚近以市民社会理论为依托来研究中国近代史的学者,确有人采取了这样的策略。[3] 不过,即使抛开其多义性与复杂性不谈,传统的"公"、"私"概念极具弹性,界限不明,尤其不具有领域的固定性。[4] 换言之,若以"公"、"私"观念为了解国家与社会关系的透视点,则所能见到的恰好不是不同领域之间的截然分立,而是一种彼此渗透、互相转换的复杂关系。

最后一对传统范畴是官—民。在一般的意义上,说"官"代表国家,"民"代表社会,应当大体不差。而且,与另外两对范畴相比,官—民概念在范围上更具涵括性,在边界上更具确定性,

---

1 参阅梁漱溟上引书,页168。顾炎武有著名的"亡国"与"亡天下"之辨,以"改姓易号"为亡国,以"仁义充塞,人将相食"为亡天下,因而主张:保国者,其君其臣肉食者谋,保天下则匹夫有责。详见顾炎武:《日知录》页590(石家庄:花山文艺出版社,1990)。清末有人以"神洲陆沈"为亡国,以"人道灭绝"为亡天下,也是坚持同一种区辨。见《清末筹备立宪档案史料》页887,刘廷琛奏折(北京:中华书局,1979)。这里,"国"与"天下"在价值序列上的高下之分甚为分明。

2 详见郑振满:《明清福建家族组织与社会变迁》页242(长沙:湖南教育出版社,1992)。

3 M.B.Rankin,"Some Observations on a Chinese Public Sphere",p.160,载*Modern China*,Vol.19 No.2,April 1993,158—182。

4 参阅沟口雄三:《中国与日本"公私"观念之比较》,载《二十一世纪》1994年2月号。

用它来描述国家与社会的关系,似乎也更加恰当。不过,我们也不要忘记,官—民范畴与国—家、公—私范畴具有概念上的对应性,以至我们在使用其中任何一对概念时,都不能不考虑和吸收其他相应概念所具有的意蕴。事实上,这三对基本概念或范畴,分别指涉传统上国家与社会关系的不同侧面,因此应当综合地予以考虑。

在家—国—天下的连续式中,“国”大致是指朝廷或皇室而言。[1] 然而,朝廷或皇室并不简单是一个统治的家族,作为国家,它是由一个庞大而复杂的官僚集团所构成。在这样的意义上,“官”所代表的是“国家”。那么,这种“国家”具有怎样的性质,其与“社会”的关系,如何通过“官—民”的概念得到体现?

美国加州大学戴维斯校区的韩格理教授发现,历来关于中国古代国家的论说,从启蒙时代的思想家,到当代治历史、政治学与社会学的学者,无不是以得之于西方国家结构的概念,如科层制、世袭科层制、专制政体、独裁政体以及活动于其中的各种角色的概念,来描述中国国家的属性。这种做法,在他看来,常导致无法确认且误导的结果。根据韩氏的概括,西方的政治结构具有两个基本特征,即集中化的权力观念和行政性的政治组织观念。在这里,政治权力基于意志,且由一象征性的中心向四方扩散,所谓“行政科层制”即由这种命令结构中产生的组织类型。上面提到的各种概念如科层制、官僚、统治者乃至“国

1　见梁漱溟:《中国文化要义》页166;顾炎武:《日知录》页590。

家”,均是由这种关于政治组织及国家合法性的中心主义的观念导引出来。然而,在中国的政治组织里面,这些观念是站不住脚的。在这里,权力并非产生于意志,服从亦非基于命令,韩氏认为,中国人的权力观乃建立在为达成秩序而在和谐中运作的角色项以及由礼所界定的角色关系上面。由此而形成的政治组织是由具有层级化排列的角色组合所构成,这些角色组织基本上自我维持,而没有与明显的命令结构相联系。若用简单的图形来表示,不妨画成一个大小相套的三重方框:最外层的方框以皇帝为主角,他的职责是使天下和谐;中间一层的方框以官员为主角,其职责是使中国和谐;在最内一层方框,父母及丈夫扮演主要角色,他们的职责是使家庭和谐。这是一个具有各自功能而又有自主性的方格组系统:外面的包含了里面的,但又不直接与之接触,而以身份相间隔。[1]

韩格理教授根据社会学的角色理论建立的上述解释模式,不但描述了传统政治论中消极无为主义的客观方面(梁漱溟所谓“无力可用”),而且可以用来解释其主观的方面(梁漱溟所谓“不敢用力”[2],或其他学者谈到的与文化取向相关联的统治者的合法性[3]),应当说比较切近中国历史的实际。尤其可以注意的是,韩氏在试图通过理论的批判而重新进入中国历史时,明

1 详见韩格理:《天高皇帝远:中国的国家结构及其合法性》,载氏所著《中国社会与经济》,张维安等译(台北:联经出版事业公司,1990)。又可参阅氏所著:《父权制、世袭制与孝道:中国与西欧的比较》,载同上书。

2 参阅梁漱溟:《中国文化要义》页172。

3 艾森斯塔得:《帝国的政治体系》页232—235,阎步克译(贵阳:贵州人民出版社,1992)。

显地吸纳和利用了“内部视角”。比如,他关于中国政治系统的图解显然借用了家—国—天下的思考方式;他对“百姓”(四民)和“官员”的区分与说明也自然地令我们想到官—民这一对传统的范畴。当然,正如前面所指出,即使是中国固有的概念和范畴,个别地看,仍不足以提供有关当时社会形态的完整图像。[1]

日本学者沟口雄三曾经仔细地比较了中国和日本的公、私观念,他发现,中国公私观念上的一个突出之点,是很早就以道义的正反意义来看待公私关系,而这种道义的公的观念,又是以天的观念为中介得出。然而,天之公中的公平与公正,不仅是道义的,还具有原理性、普遍性和自然性。这就使它不但超越民间的个体和团体,而且可以超越国家而与天下相联系,成一普遍的秩序原理。[2] 这正是我们在家—国—天下这一连续体上所见到的那种统一性,其表现于制度,则是一种援礼入法、融法于俗、浑然无外、包罗万象的礼法秩序。[3] 另一位日本学者岸本美绪把这种秩序形象地称为同心圆结构。据此,传统中国的民间社会,既不是只受国家支配的非自立存在,也不是自立于国家之外的自我完善的秩序空间,而是通过共同秩序观念而与

---

1 一个与之相关的问题是,韩格理所借用的角色理论本身对于中国历史而言又具有多大的可适用性和解释力。在其文章的一个脚注里,韩氏自己提出了这个问题。(韩格理:《天高皇帝远:中国的国家结构及其合法性》页 115),对此问题,当作更深入的思考。

2 详见沟口雄三:《中国与日本“公私”观念之比较》页 85—97,载《二十一世纪》1994 年 2 月号。

3 参阅梁治平:《寻求自然秩序中的和谐:中国传统法律文化研究》,第九章。

国家体制连接起来的连续体。[1] 值得注意的是,岸本关于中国古代(尤其是明清)国家与社会的论说首先是建立在滋贺秀三关于清代司法制度的研究上面,正是滋贺的"情理说"(详上)使人可以去构想一幅没有裂缝的,关联密切的秩序空间的图像。[2] 这里,法律再一次成为人们观察和了解社会形态的特殊视点。

现在,回到本文开始时提出的问题,再作简单的回顾和总结。

把法律作为一个透视点去了解社会形态,这种想法不但可行,而且是有益的和必要的。昂格尔和黄宗智两位教授的问题,不在于进行了这种值得肯定的和令人钦佩的尝试,而在于他们的理论架构不能较好地适用于中国的历史,在于他们误解了其据以观察和验证相关社会理论的法律。正如我们所见,无论国家与社会分别对立的二元模式,还是在此基础上演绎形成的三元模式,甚至,一般使用的"国家"概念本身,都不能对传统中国的国家、社会和法律作恰当的说明。相反,对于中国古代法律更深入的研究,恰好证明了这些理论的不适用,并且能够用来对相关理论作进一步的检讨,进而提供有关社会及国家理论的新构想,在这方面,清代习惯法的研究的确可以在不同程度上证伪、证实、补充和修正本文提到的各种不同的理论假说。

---

1 参阅沟口雄三:《中国与日本"公私"观念之比较》页94,载《二十一世纪》1994年2月号。

2 岸本美绪:《比较法制史研究与中国社会像》,载《人民的历史学》页116。转见沟口雄三上引文。

就社会与国家关系而言，习惯法具有一种看似矛盾的双重性。一方面，它是民间的自发秩序，是在“国家”以外生长起来的制度。另一方面，它又以这样那样的方式与国家法发生联系，且广泛为官府认可和倚赖，而在其规范直接为官府文告和判决吸纳的场合，习惯法与国家法之间的界线更变得模糊不清。习惯法具有的前一种特征可以与韩格理对中国国家结构的解说相印证，其后一种特征则可以补充岸本美绪对明清社会结构的描述。事实上，这两种解释本身也可以互相支持和补充。不过，清代习惯法所展示给我们的尚不止此。

比较韩氏的方格组图示与岸本氏的同心圆结构，可以发现二者都偏重于静态结构的描述，而缺少对国家与社会之间以及二者各自内部矛盾和冲突的关照。然而，正是那些每日每时都在发生着的矛盾和冲突使得现实的社会生活充满活力，国家与社会之间的平衡以及更大背景下统一秩序的实现，也只有通过矛盾的解决和冲突各方的互相调适而不断地获得。透过清代习惯法，我们可以真切地看到这样一幅生动的图景。

习惯法本身就是乡民社会中利益冲突的产物，其确定性的获得，也部分地因为与国家制度之间的长期互动，不过，正如我在下文中所强调，习惯法的权威与效力，并非由国家授权而取得。依中国传统政治结构的内在逻辑，即使是官府对于宗族和行会规约的“批准”，也不宜被视为国家“授权”。因为无论宗族还是行会，都是在国家法律之外产生出来，它们所行使的裁判权,乃其自己的创造,而非出自某种更高权威的授权。[1] 这种局面的形成,很大程度上是因为国家没有、不能也无意提供一套民间日常生活所需的规则、机构和组织。在保证赋役的征收和维护地方安靖之外,国家绝少干预民间的生活秩序。结果是,各种民间的组织和团体,在政府之外独立地发展起来,它们形成自己的组织,追求自己的目标,制定自己的规章,以自己的方式约束和管理自己。[2] 从这里,产生出官、民之间既相协调又相冲突的两种倾向。就习惯法与国家法的关系而言,在"分工"和"配合"之外,我们也看到许多抵触冲突的实例。这根本上是因为,习惯法是有别于国家法的另一种知识传统,且多少受制于不同的原则。其实,广义的习惯法乃至全部民间法也无不如此。构成明、清社会最基本单位的家族,其本身即突破国家宗法制度禁限的产物,[3] 而宗族法中除区别于国家法的部分之外,也可能保有与国家条法相悖的内容。[4] 凡此,皆可表明传统中国国家与社会之间矛盾的、冲突的、不平衡的和动态的方面,忽略了这个方面,则我们关于中国古代社会形态的描述就将是单面的和缺少活力的。也是着眼于这一点,沟口雄三将明末以来"社会与国家"的图像比作鱼鳞状:分开来是一片一片的,合起

1 参见马士:《中国行会考》页 70—71,载彭泽益主编:《中国工商行会史料集》(上册)(北京:中华书局,1995)。

2 马士上引书,页 66。这里,我把马士对中国行会的观察和议论扩大到了宗族以及其他民间组织和制度,我以为这样做并无不妥。

3 参阅郑振满:《明清福建家庭组织与社会变迁》页 227—241(长沙:湖南教育出版社,1992)。

4 参阅朱勇:《清代宗族法研究》页 138—177(长沙:湖南教育出版社,1987)。

来则成为鱼的一身。[1] 对于韩格理的方格组图形和岸本氏的同心圆图像，这无疑是一个很好的补充。

晚清以降，中国开始了痛苦而漫长的现代化进程，其中，对于传统国家的改造与重塑乃关键的一环。本书所探究和描述的、以明清社会为最典型的国家结构与社会形态，既是这场历史性运动所指向的对象，同时也是它发生和展开于其中的历史背景。因此，我们可以从两个不同方面来了解和估价这场运动，即一方面看这种传统国家与社会的现代化改造在多大程度上取得了成功，另一方面看传统的国家结构与社会形态在多大程度上影响甚至左右着中国的现代化进程。自然，这里涉及一系列复杂问题，不可以正反、对错等简单标准来衡量。但是，无论如何，有一点可以肯定，即了解这段历史有助于我们深刻认识自己今天的处境，因而也有助于我们面对未来作更合理的抉择。同样可以肯定的是，对于解决这个具有重要理论和实践意义的问题来说，法律的研究仍不失为一种最佳透视点。

1 详见沟口雄三：《中国与日本“公私”观念之比较》页96，载《二十一世纪》1994年2月号。

问　题

从法律社会学的角度去观察中国古代法，至少有两种不相谐的现象可能会立即引起我们的注意。其一，中国古代法中最正式且具有实效的部分，从公元8世纪上半叶的《唐律》，到18世纪仍然在当时法律体系中占据核心位置的《大清律例》，陈陈相因，一脉相承，有着惊人的相似性；[1]然而在此千余年间，中国社会所经历的变化却是缓慢而巨大的。这里只需指出一个简单的事实：从东周到唐末，同一地理范围内的人口数量没有超过6000万；宋、明两代人口增长最多时达到一亿左右，而在清代不到300年的时间里面，人口总数竟由一亿左右增至四亿以上。[2] 无论怎样看待这一基本事实及其社会意义，我们都有理由作出这样的推断：即使这些较少变化的国家的法律并非只是

1　清人薛允升指出："尝考唐律所载律条，于今异者八十有奇，其大同者四百八十有奇。今之律义与唐律合者，亦十居三四。盖其所从来者旧矣。"（薛允升：《读例存疑·总论》）若以原则相同者计之，则清律取之于唐律者不止此数。参阅D.布迪和C.莫里斯：《中华帝国的法律》页59。朱勇译（南京：江苏人民出版社，1993）。

2　参阅赵文林、谢淑君：《中国人口史》（北京：人民出版社，1991）。

具文,它们只靠自身已无法应付社会变迁带来的各种新问题。换言之,社会的存在与发展必以一套国家法之外的法律为前提。[1] 其二,中国古代法典,无论《唐律》还是《大清律例》,都绝少关于"私法"的规定。[2] 与此形成鲜明对照的是,仅今人搜集入藏的明清契约文书一项,其总数就已超过1000万件。[3] 这个数字为我们展现出一个极广大的社会空间,其中,国家法虽然不是全无影响,但其作用肯定极其有限。

以上所述给我们这样一种印象,即在中国古代社会,国家法不但不是全部社会秩序的基础,甚至也不包括当时和后来其他一些社会的法律中最重要的部分。当然这并不意味着某种"秩序真空"的存在。社会不能够容忍无序或至少不能容忍长期的无序,结果是,在国家法所不及和不足的地方,生长出另一种秩序,另一种法律。这里可以先概括地称之为"民间法"。

---

1 参见马伯良:《唐律与后世的律:连续性的根基》页259,载高道蕴等编:《美国学者论中国法律传统》(北京:中国政法大学出版社,1994)。不过,该文作者一面正确地指出法典之处另有一个庞大的实体法存在,一面又错误地认为这些法典已经死亡,只是作为过去的神圣遗物而继续存在。事实是,律典作为整体依然具有实效,尽管其中某些条文已经徒具形式。又有人认为,由国家法之缺乏变化而推论别有所谓民间法存在,即假定社会(秩序)与法律有某种相应变化的关系,这种立场或有法律中心论或泛法律论之嫌。这里,问题的关键在于如何界定"法律"。如果我们采取社会学的和人类学的立场,则法律确实是很"泛"的,而在诸如明清社会这样高度发达和复杂的文明体内,一种没有规则也不需要强制的秩序是难以想象的。

2 作为一个事实,这一点早为中外法律史家指出。参见杨鸿烈:《中国法律发达史》页2—5(上海:商务印书馆,1930)。通过分析《大清律例》的篇章结构及律条中体现的立法精神,威廉·琼斯对上述事实作了明晰而精到的说明,见其《大清律例研究》,载高道蕴等编:《美国学者论中国法律传统》。最后,由同一事实出发而对中国古代法典所作的文化分析,即不仅描述和说明,而且解释此种现象,见梁治平:《寻求自然秩序中的和谐:中国传统法律文化研究》5—9诸章。

3 这是专家所作的一个"保守的估计",详见杨国桢:《明清土地契约文书研究》页3(北京:人民出版社,1988)。

法律社会学家们发现，即使是在当代最发达的国家，国家法也不是唯一的法律，在所谓正式的法律之外还存在大量的非正式法律。[1] 换言之，这种法律多元现象既非中国古代所特有，更非始于清代。然而这并非我所特别关注的问题，在一篇讨论清代习惯法的论著里面，我更关心的是如何把习惯法置于某种适当的分析框架中予以描述和分析，为此，我想先说明习惯法与我所谓民间法的一般关系，并且粗略勾画出清代习惯法的大致轮廓：它在清代社会生活中占据的空间，它的具有浓郁地方特点的表现形式及其结构特征，在此基础之上，我将进一步确定本书讨论的范围，并就材料和方法诸问题作必要的说明。

对事物起源的探究几乎总是历史学家的兴趣所在，而在“习惯法起源举例”这一章里，我想做的毋宁是社会学的讨论，即通过对习惯法所产生的几种主要途径的考察，指出习惯法与其他社会因素之间的相互联系，进而明了习惯法的性质。我将从这里进到对清代习惯法中若干主要制度的讨论，这种讨论虽然不必面面俱到（这并非本书的目的），但应当是基本的和富有启发性的。换句话说，它不但能够被用来展示清代习惯法的一般面貌，而且应当为我们探究下列问题提供坚实的基础，这些问题包括：清代习惯法与国家法的关系，它在社会发展过程中所起的作用，以及，它可能具有的法理学意义。

1 详见 Lawrence M. Friedman, *American Law*, ch. 2 (New York: W. W. Norton & Company, 1984)。

民间法、习惯和习惯法

日本学者千叶正士根据法律学上流行的分类，归纳出了以自然法、实在法和习惯法为基本内容的“法的三重结构”。不过，他同时也指出了这一分类的西方渊源，并且认为它不能恰当地反映出非西方法的经验。之后，他提出一个修正了的“法的三重结构”——官方法（Official law）、非官方法（Unofficial law）和法律公设（Legal postulate）。[1] 应当承认，新的分类框架更具包容性，能够容纳更多的经验材料，尽管如此，用它来分析清代法律的多元格局，仍然存在某些问题，比如，根据这种分类，国家法以外的其他法律渊源，被依其是得到国家合法权威的认许（authorize）还是仅仅获得特定人群的一致同意而被分别归入官方法和非官方法。前者包括宗教法、家族法、行会法和地区性的法等，后者则主要是各式各样的习惯法。而在清代，

1　详见 Masaji Chiba：*Legal Piuralism：Towarda General Theory through Japanese Legal Culture.* ch.9（Tokyo：Tokai University Press）。

甚至家族法和行会法也未尝不可以被看成习惯法，至少，与国家法相比较，它们与本书所讨论的习惯法有着明显得多的“家族相似性”（维特根斯坦语）。无论成文与否，它们或多或少都建立在习惯的基础之上；而不论在多大程度上获得国家的认许，它们都不是国家“授权”的产物。无论如何，它们首先出自“民间”，乃“民人”的创造物。在中国传统语汇里，与“官府”相对的正是“民间”，而“官”与“民”这一对范畴，适足表明中国传统社会结构的特质。主要因为这个缘故，我在“国家法”之外，特别标出“民间法”的概念来作区别。

所谓国家法可以被一般地理解为由特定国家机构制定、颁布、采行和自上而下予以实施的法律。以往，许多法学家不但主张这些是法律，而且倾向于认为它们是全部的法律。结果，一个可能更广大的领域被忽略了。事实上，国家法在任何社会里都不是唯一的和全部的法律，无论其作用多么重要，它们只能是整个法律秩序的一个部分，在国家法之外、之下，还有各种各样其他类型的法律，它们不但填补了国家法遗留的空隙，甚至构成国家法的基础。当然，也正因为其非官方性，这部分法律往往与国家法不尽一致，乃至互相抵牾，但这并不妨碍它们成为一个社会法律秩序中真实和重要的一部分，甚至，它们是比国家法更真实而且在某些方面也更重要的那一部分，应该说，这种判断尤其可以适用于中国古代社会。

中国的治理史，用马克斯·韦伯的话说，乃一部“皇权试图将其统辖势力不断扩展到城外地区的历史”[1]。在韦伯看来，这部历史的记录基本上是失败的。“出了城墙之外，统辖权威的有效性便大大地减弱，乃至消失。”[2]这种说法或有简单化和绝对化之嫌，但它确实触及中国古代社会结构上的一个基本事实，即帝国派出官吏只到县一级，城市以外的广大村镇不在其直接统治之下，而这简单意味着存在一个极广阔的空间，民间的法律能够在其中生成、发展和流行。

民间法具有极其多样的形态。它们可以是家族的，也可以是民族的；可能形诸文字，也可能口耳相传；它们或是人为创造，或是自然生成，相沿成习；或者有明确的规则，或更多表现为富有弹性的规范；其实施可能由特定的一些人负责，也可能依靠公众舆论和某种微妙的心理机制。民间法产生和流行于各种社会组织和社会亚团体，从宗族、行帮、民间宗教组织、秘密会社，到因为各式各样目的暂时或长期结成的大大小小的会社，它们也生长和通行于这些组织和团体之外，其效力小至一村一镇，大至一县一省。清代之民间法，依其形态、功用、产生途径及效力范围等综合因素，大体可以分为民族法、宗族法、宗教法、行会法、帮会法和习惯法几类。严格说来，宗族法内容不乏与习惯法相重合者，行会法实即商事习惯，民族法则全然为

---

1 马克斯·韦伯：《儒教与道教》页109，洪天富译（南京：江苏人民出版社，1993）。
2 马克斯·韦伯：《儒教与道教》页110。

一种习惯法。[1] 因此,本文要考察的毋宁是一种狭义上的习惯法。照上面提出的综合标准看,这种狭义上的习惯法能够自成统系,而区别于民间法上的其他法源。而且,它虽然是狭义的,内容却极其丰富。

通常,学者们论及习惯法(当然包括且事实上经常就是清代习惯法),辄简单视之为今人所谓民法的对应物。[2] 这是因为,习惯法所调整的事务,诸如婚姻、析产、继承、买卖、租佃、抵押、借贷等等,也是现代民法中的重要部分。如上所述,这部分内容,古代法典或略而不载,或仅具大纲,恰是民间法中的习惯法补其不足,而使民间社会生活(尤其是其中的经济生活)成为可能。毫无疑问,这是中国法律史上最可注意的一种现象,甚至早在《唐律》颁行以前很久就已经如此,但是司样可以肯定的是,这种情形在明清两代(尤其是清代)获得了最充分的发展和表现。上面已经谈到中国人口在明清两代的巨大增长,这里则

---

1 详参梁治平:《中国法律史上的民间法》,载《中国文化》第15—16期,1997年合刊。这里需要说明的是,"习惯法"这一用语为千叶正士所反对,以其过于含混,且具有西方文化色彩(详见氏前引书,页131—138)。马克斯·韦伯亦曾指出"习惯法"这一概念的近代性质[详见 *Max Weber on Law in Economy and Society* p.65—66, ed., by Max Rheinstein(New York,1954)]。而我仍沿用此一概念,毋宁是基于这样一种法律社会学的立场,即法律、常规(convention)、习俗(usage)等均属于同一连续体,其中,由此至彼的过渡难以觉察[参见 Weber 上引书,页20;林端:《儒家伦理与法律文化》页66—68(台北,1994)],而本文所讨论的习惯法,在上述连续体中无疑更接近于风俗习惯。换言之,习惯法一词多少有助于我们认识某种特殊的法律形态。

2 参阅王世杰的说法,转见杨鸿烈前引书。又见 Sybille van der Sprenkel, *Legal Institution in Manchu China*, ch.8(London: The Athlone Press, 1962); Ramon H. Myers. "Customary Law, Markets, and Resource Transactions in Late Imperial China", p.287. in *Explorations in the New Economic History*. ed. by Roger L. Ransom(New York: Academic Press, 1982)。

可以指出另外几种与之相伴随的社会变化。

宋代以降,以国家对土地保有全面控制为基础的授田制度既已废弛,至清代,不但土地买卖极为频繁,而且民田对于官田的侵蚀亦甚严重。赋役制度的改革扩大了货币流通的范围;人口的巨大压力更有力促进了商品化的发展。随着各地市场的形成和扩展,资源流通的渠道日益增多。新的租佃形式产生了,早在元、明时代就已经出现的地权分化形态扩展到更大的范围。这些变化不但充分表现在习惯法的发展里面,而且它们本身就是推动习惯法且使之日益丰富的最有力因素,本书所以选择清代作讨论的背景,部分原因就在于此。

可以从形式和内容两个方面来考察习惯法。

形式上,习惯法表现为"乡例"、"俗例"、"乡规"、"土例"等。[1] 在清代司法档案中,"乡例"所指多是由长期生活实践中产生的于乡民生产、生活和交易活动具指导及一定约束作用的规范,如佃田须交押租钱,借钱须以田房作抵,土地交易中原业主有脱业钱,等等。这类规范当然属于我们将要考察的习惯法之列,然而这不应是习惯法所有之唯一形式。究其字义,"乡例"应当不限于规范,而是自然生成的构成乡民生活(尤其是经济活动)秩序的行为习惯。这种概括看上去稍嫌宽泛,应当作进一步的分析和限定。

假定某人处在法官的位置,须就提交案前的各种纠纷作出

1 将习惯法等同于"乡规"、"俗例"的做法屡见于今人著述。参见杨国桢前引书;周远廉、谢肇华:《清代租佃制研究》(沈阳:辽宁人民出版社,1986)。

裁断，他首先要弄清的乃“事实”，这时他将发现，了解当事人所在乡、县通行的某些习惯，对于判明“事实”可能至关重要。比如湘西沅陵各县习惯，买卖山地契若未载明“阴阳一并在内”等字样，则买主只能耕种，不能进葬。[1] 又比如浙江某地习惯，砌墙辄以较光滑一面向外，较粗糙一面向里，据此则墙垣之间归属立判。[2] 清代民间此类习惯甚多。如江苏泰兴县习惯，买卖契上概写虚数，大都以七分五厘写作一亩，而钱粮仍照实田完纳。[3] 江西赣县习惯，凡佃户应纳业主之租谷，其约据内虽注明缴纳足谷若干担，不得短少颗粒等语，实际上均有折扣，或七折或八折不等。[4] 此种于判定“事实”有重大干系之习惯又不只表现于乡民的交易行为里面，它们还广泛存在于民间日常生活中最不易觉察之处。这里只举几则简单的例子。

清代，土地单位不仅有亩，还有塍、垧、坵、石、砠、种、把、秤、土、束、谷、水车、籽等，名称繁多，标准各异，即使使用同一种计量单位，实际亦未必相同，因为亩有大小，田分民屯，土地清丈之弓尺也有尺寸上的差别。又比如货币，通行者曰银、曰钱，其兑换比率不但因时有差，而且因地而异。再如一般度量衡具，地域、场合不同，其单位、名称等也不一致，甚至有同一地区同一种衡具因物而异者。安徽太平县习惯，买柴炭鱼肉菜果之类

1 《民商事习惯调查报告录》页599（台北：进学书局，1969）。以下征引该书简称《报告录》。

2 《报告录》页497—498。

3 《报告录》页884。

4 《报告录》页988。

以十八两为一斤，油盐烟酒之类以十六两为一斤，糕饼杂货等则以十五两三钱为一斤。[1] 类此之例，不胜枚举。

显然，以上关于"事实"之习惯皆可被视为"乡例"，而且，这部分"乡例"对于我们了解习惯法所具之重要性亦极明显。尽管如此，我还是倾向于把它们与本书将要讨论的习惯法稍加区分。这样做的理由下面还要详细地讨论，这里暂且不谈。为便于区别，我把这部分"乡例"叫作习惯。

进一步考察"乡例"所面临的困难是，如何找出和确定习惯法的规范。习惯法既非人定，其规范自然缺乏固定的形式，乃至因地而异，随时而变。当然这并不意味着习惯法上的规范无从寻觅，更不意味着我们应当放弃寻找和描述这些规范的努力。正确的做法应当是由习惯法所固有的形态入手去发现和阐明其规范。

仔细地观察各种"乡规"、"俗例"，可以发现它们往往以浓缩和简练的形式表现在民间流行的各种习惯语中，对大量这类习惯语作进一步分析还会发现，依其形态和功用还可将这种习惯语区分为两类，我把前一类叫作"法语"，后一类叫作"法谚"，[2] 前者乃习惯法上的"概念"和"术语"，后者则构成了习惯法上的"规范"。

"法语"方面的例子可以举出许多，比如在户婚方面有庚

---

1 《报告录》页960。

2 依一般用法，"法言法语"辄指通行于法律职业中的专门用语，恰非民间习语，而且在古罗马和后来的欧洲，"法谚"通常表现为法学家的格言，而非民间流行之俗语。本文就这两个词所作的划分另有意义，详见下。

书、财礼、入赘、立嗣、分析、兼祧、螟蛉子、童养媳、膳粉地、长孙田;田土方面有典、卖、顶、退、找、贴、断、赎、田皮、田骨、长租、借耕;钱债方向有借、贷、赁、押、让租、加一、印子钱、孝帽债。此外,还有涉及当时社会生活几乎所有方面的各式各样契据文书的名称:卖契、典契、批字、讨字、限字、收字、婚书、阄书、继书、合同约、过租约等。无以数计的"法语"产生于乡民年复一年、日复一日的生活、劳作和交往,它们以浓缩的形式一面表达了习惯法上各种相对固定化了的关系,一面给予这些关系以更加确定的内涵。可以说,这些可以被比拟为习惯法上之"概念"和"术语"的"法语",乃构成习惯法基础的最坚固最基本的材料。

"法谚"之所以被视为习惯法上的"规范",是因为它们表达原则,从而直接规定了有关当事人之间的"权利"和"义务"。从语言形态上看,"法语"是词,"法谚"则是句子。它们通常包含两个以上的词,因为它不仅表明某种关系,而且规定此种关系。"租不拦当,当不拦卖"规定了租佃(赁)、典当、买卖三种法律行为之间的效力高下关系;"小修归佃,大修归东"就房主与房客之间分担修房费用作出分配;"头年房子过年地"分别规定了房、地典当后之赎回期限;"隔河不找地"规定河岸所有人即使因河流丧失其土地亦不得就对岸土地之添附部分提出主张;"一世不管两世人"将对卑幼所为法律行为的同意权归于父母,而将高、曾、祖等排除在外;"中三笔二"确定了田土交易里中人和代笔应得的份额。类似这样的"法谚"在民间流行的习惯语中数量极多,下面讨论习惯法时还要经常引用,不赘举。

与上述"法谚"在形态及功能上接近而形式较为统一、流行亦较广的还有契约中的"套语"。如土地交易契约中通行之担保条款有"倘有上手来历不明,界至不清,不涉买主之事,卖主出头支当",或者"倘有亲房内外人等异说,具系出卖人一并承担,不涉受业人之事";表示绝卖,契中则有"永不价贴,永不回赎,永断割绝"等语;抵押田地不定期限赎回者,例书"取赎不论早晚,银到契还,无得阻执";典田交业则书"银不起利,地不起租";若涉及人身雇佣,典雇契中辄写"若有不虞,各安天命",以明确风险的分担。这类契约中的套语几可视为清代"契约法"上的标准条款,它们是清代习惯法成熟的标志。

"法语"、"法谚"和契约中的"套语"皆是民间各种交往形式在长期实践中无数次重复的产物,它们在一代又一代无名氏手中逐渐提炼成形,且在或大或小的范围内流行,不但能够模塑乡民的行为,而且规范社会生活。它们所具有的正是习惯法的职能和作用。当然,"法语"、"法谚"及契约中的"套语"未必就是习惯法的全部,习惯法的内容或有不以民间习语为表达形式者,但有一点现在就可以肯定,即民间习惯语的这一部分乃习惯法最有力最明晰的表达,这不仅是因为它们表现了习惯法的一般面貌,而且事实上涉及习惯法的所有领域,更是因为其存在形式本身,适足表明习惯法的性质和特征。本书的研究将集中在这一领域。

从内容上考察习惯法将是以下几章的重点,这里只简单勾画出习惯法涉及的社会生活领域。

现代研究者把清代习惯法视为现代民法的对应物(见上),这种做法只是在比较二者调整之社会关系时才有一定的意义。按现代民法分类,习惯法的内容被分别纳入物权、债权、亲属、继承各编。[1] 而在中国古代法典中,同样的内容被概括地归结为"户婚田土钱债"。表面上看,这两种分类几乎正好对应:户婚—亲属、继承;田土—物权;钱债—债权。然而其意义迥异。着眼于文化解释,法律上的分类不只是单纯的技术,同时也是一系列文化价值的表现。[2] 在西方,古罗马以降,私法始终是其法律世界中最重要的一个部分。在中国,"户婚田土钱债"被视为"民间细故",素为统治者所轻贱,以至法典中多略而未详。不仅如此,(西方)私法之发达首先表现于学说,历代法学家关于私法的著述汗牛充栋,至中国之士大夫,既不屑于名法,更遑论"俗例"。这种情形致使今人在研究习惯法时首先在材料上遇到极大的困难;同时对于借助现代通行的法律概念、分类方法描述和分析习惯法抱有深刻的疑虑。

---

1 民国政府司法行政部根据对各地习惯所作调查编辑的《民商事习惯调查报告录》就采取了这样的分类。

2 关于这种文化解释方法的运用,参阅梁治平:《寻求自然秩序中的和谐:中国传统法律文化研究》;关于此种方法的理论阐释可以参阅梁治平:《法律的文化解释》一文,载梁治平:《法律的文化解释》(增订本)(北京:生活·读书·新知三联书店,1998)。该文的英译本载于 *Chinese Social Sciences Year Book* (Hong Kong Social Sciences Service Centre,1994)。

材料、概念与方法

清史研究者们承认,我们对帝国上层制度有较多了解,对于民众生活则知之甚少。[1] 这部分是因为历史文献中能够帮助后人了解下层社会生活的材料向来较少,部分是因为在传统历史观及研究方法的影响下,这部分史料尚未得到充分的发掘、整理和分析。最近数十年,随着社会科学(尤其是人类学、社会学、经济学、心理学)理论和方法的日益渗入历史领域,社会史

---

1 费正清编:《剑桥中国晚清史》(上卷)页33(北京:中国社会科学出版社,1985)。

的研究引起历史学家们越来越多的重视。[1] 不过,迄今为止,有关清代习惯法乃至中国历史上包括习惯法在内之非正式法的研究仍然是不够充分和不够系统的。因此之故,本书的研究不但要特别倚重第一手材料,而且要仔细考虑应用于其中的概念、分类和方法诸问题。

就所谓原始资料而言,本文采用的主要有三类,第一是习惯法调查报告,第二是清代官方档案,第三是清代民间契约文书。下面简单介绍这些材料的性质,其所涵盖之范围及可信度等。

为修立民法,前北京政府司法部曾在全国范围内进行民商事习惯调查,时间约在1920年前后。有关调查报告后经民国司法行政部编定,于1930年印行,名为《民商事习惯调查报告录》(以下简称《报告录》)。该书民事部分共分四编:民律总则习惯

---

1 关于社会科学向历史学渗透的一般情况,参见杰弗里·巴勒克拉夫:《当代史学主要趋势》,第3章,杨豫译(上海:上海译文出版社,1987);保罗·利科:《法国史学对史学理论的贡献》,王建华译(上海:上海社会科学院出版社,1992)。关于中国历史研究方面的情况,参阅柯文:《在中国发现历史》第四章,林同奇译(北京:中华书局,1991)。最近一些历史学家利用南满铁道株式会社调查部于20世纪四十年代在中国华北农村调查所得(即《中国惯行调查报告》)所作的研究也可以代表这种注重社会史研究的趋势。见黄宗智:《华北的小农经济与社会变迁》(北京:中华书局,1986);杜赞奇:《文化、权力与国家》,王福明译(南京:江苏人民出版社,1994)。可惜的是,习惯法方面尚少这样深入的研究。前引杨国桢所著《明清土地契约文书研究》一书是我所见到的关于这一主题最出色的研究之一,尽管此书主要不是从法律角度入手,它对我们了解清代习惯法的一个重要方面仍然极有帮助。此外,新近出版的一些有关清代和民国时期“民法”的论著也可以引起我们的注意。尽管其著者们主要是从国家法而非习惯法角度来研究所谓“民法”,但他们在发掘和利用清代地方衙门档案方面做了非常有益的尝试。详见 *Civil Law in Qing and Republican China*. ed. by K.Bernhardt and P.C.C.Huang (Stanford University Press. 1994); Mark A. Allee, *Law and Local Society Late Imperial China*. (Stanford University Press, 1994)。

(12 则)、物权习惯(1389 则)、债权习惯(985 则)及亲属、继承习惯(1046 则),总计 3432 则,涉及当时 19 个省、区的民事习惯。其调查方法有问卷式,有报告式,其中,报告式亦详略不一。总的来说,这项庞大调查远不如人类学的田野研究来得深入、扎实,然而其价值仍不可忽视。首先,调查者几乎全是当时各地之司法审判人员,其所报告之习惯也有相当部分出于诉讼,有关材料之可信度及说明力当较一般问卷调查为高。其次,此项调查涉及地域甚广,且条目繁多,便于互相参证,这对于习惯法的一般性研究,颇为有益。再次,调查所得之习惯虽然皆通行于清末民初,但其起源往往可以溯及清中叶乃至明末清初,而当时尚通行的各种契式,渊源更是久远。最后,尽管清代官方档案及民间契约文书数量极大,且三四十年代亦不乏对中国农村的人类学研究和惯行调查,似此种全国性司法调查仍属仅有,其资料弥足珍贵。当然,《报告录》的缺点也甚明显,主要表现在:第一,各地调查报告虽有详略之分及深浅程度的不同,一般说来仍嫌简略。第二,调查之范围尚不够广泛,在主要用于黑龙江一省的标准问卷调查中,这一欠缺尤为显彰。第三,是项调查未能包括广东、广西、云南、四川、台湾等地区。因此,使用这一材料须注意扬长避短,且结合其他文献资料,以互证的办法予以甄别和检验。倘能如此,则《报告录》仍不失为了解清代习惯法之一种极有价值的材料。

清代司法档案为数甚巨,其中与习惯法有关的资料亦不在少数。如仅中国第一历史档案馆所藏乾隆朝刑科题本中归于土地债务类的档案就有近6万件之多。地方衙门档案，其著者如清代巴县档案，上自乾隆十七年（1752），下至宣统三年（1911），数量在11万卷以上。这类材料不但相当真实地记录了当时各地流行之“乡规”、“俗例”，同时也暴露了作为非正式法之习惯法与国家正式法之间的复杂关系，并在一定程度上表明了国家处理“户婚田土钱债”事务和对待各地“乡例”的办法和态度，因而为我们了解清代习惯法提供了新的角度。

本文要利用的第三类资料——清代民间契约文书——数量更加巨大。它们不但涉及民间生活的各个方面，遍及清廷治下的几乎所有地区。而且上自元、明，下讫民国，贯通于清代各个历史时期，自成统系，从这些数量庞大的民间文书里面，我们可以辨认出一个相当完整的习惯法秩序。毫不夸张地说，这些在民间生活中有着重要作用的契约文书体现了清代习惯法的基本形态，表现了习惯法的传统。

从上面介绍的情况看，材料方面的问题似乎不如最初想象的那样不易解决，尽管要把它们搜集、串联起来并加以系统运用尚非易事。真正的困难乃在于对史料恰如其分的运用和处理。这里，对史料恰如其分的运用和处理所指的并不简单是通过排比史料，使之互证，最终求得合乎逻辑的结论一类研究技巧，而是选择明晰有力的概念，以之运用于材料，从而直接探明事物特性的分析方法。这样做之所以甚难，又是因为今天通行的概念、术语及分析方法，完全出自西方法律学，这些概念、术语及分析方法被应用于西方社会诸法律关系，远较它们被运用于中国古代社会要来得自然、恰当和具说服力。造就这种自然与不自然、恰当与不恰当的秘密在于,概念与分类不仅反映社会关系,而且影响甚至模塑社会关系。

"典"是中国古代法(不拘习惯法、国家法)上一种极重要的制度,然而在民法上却颇难归类,有视为担保物权者,有认作用益物权者,亦有调和二者说而主张为特别物权者。[1] 无论如何,把"典"译为 mortgage(抵押)是一种以"词"害义的做法。[2] 问题很简单,"典"乃中国固有法所独有的一种制度。[3] 具有同样性质的制度还有"会"。"会"乃民间一种有无相济之临时性互助组织,流行于中国城、乡的广大地区。从民法角度看,其最可异者乃"会"中"债权人"不向"债务人"求偿,这又是简单运用债权、债务一类民法概念所不能说明的。他如家庭财产(共财)制度、一田两主、一田三主制度等无不如此,这是否意味着我们应当放弃用现代概念(它们可能又恰好来自西方社会科学)描述和分析古代制度的尝试?依哲学解释学的看法,从本己之特殊立场(历史的、社会的、文化的乃至个人的)去观察世界,不但是不可避免的,而且是正当的。如果接受这种看法,则问题就不在于是否和能否使用现代概念,而在于怎样或如何使用这些概念。这正是问题最复杂、微妙之所在。[4]

---

1 参见郑玉波:《民法物权》页 137—140(台北:三民书局,1988);何孝元主编:《法律学》页 175,"典权"条(台北:商务印书馆,1973)。

2 此种译法见于 van der Sprenkel 前引书,页 106,及 R.H.Myers 前引文,页 293。

3 在"典"之外,被认为属于"本国固有法源"的还有"会"、"老佃"、"先买"、"铺底"。详见江庸《五十年来中国之法制》页 7,载《最近之五十年》(上海:上海书店,1987)。

4 有关这一问题较详尽之理论的说明,见梁治平:《法律的文化解释》。

E.A.霍贝尔在着手分析初民社会法律制度时,曾经创造性地移用了霍菲尔德的概念体系。这种做法对于我们颇具启发性。[1]

霍菲尔德的理论前提是,所有法律关系皆发生于人与人之间。所谓法律问题,即两人之间关于物之一种关系问题,此问题仅存在于有关当事人之间的关系中。由此关系论出发,霍菲尔德提炼出八种基本概念,并以之组成四组对应关系:

甲方	乙方
1.请求权(Demand-right)	义务(Duty)
2.特许权(Privilege-right)	无请求权(No-demand right)
3.权能(Power)	责任(Liability)
4.豁免权(Immunity)	无权能(No-power)

请求权指甲得要求乙以特定方式作为或不作为,义务则反是,指乙须以特定方式为或不为有关甲之行为。

特许权与无请求权之关系指甲拥有某种有关乙之行为自由,乙不得干涉之。

权能指甲得依其意愿建立一影响乙之新的法律关系,责任则表示乙受到上述甲之行为及其结果之约束。

豁免权指甲得无视乙想要与之建立一新的法律关系之行为,无权能即指乙的这种行为无强制力的情形。

上述分析概念的优点,正如霍贝尔所指出,在于将一种复

---

1 以下关于霍菲尔德概念理论及霍贝尔意见的综合性叙述皆转自霍贝尔:《初民的法律》章四,周勇译(北京:中国社会科学出版社,1993)。

杂的法律和社会制度明晰地分解成其基本组成部分，这样便能够避免因为使用含义宽泛乃至大而无当的术语必定带来的混乱和各种无益的争论。从积极的方面说，它有助于人们以更加准确和明晰的方式将问题阐述清楚。比如通过运用这套概念，所有权就不再被简单定义为对物之占有、使用、收益和处分之绝对排他的权利，而被视为一系列有关某物的非常复杂之法律权利综合体，“它不仅是由一套数量不定的在严格意义上的权利，或针对一批负有相应义务的数量不定的人的请求权所组成，而且也由一系列数量不定且为数众多的特许权、权能和豁免权所组成”[1]。不管把这样的所有权概念应用于现代工业社会结果怎样，用它去分析非西方及前现代社会法律关系的优点是显而易见的。因为在那些地方，我们很难找出完全合乎现代意义上的“完整的”所有权关系及概念（且不说所谓完整的所有权概念即使在现代生活里面也具有相当大的虚假性）。

霍贝尔运用于初民社会法律关系的这些概念，似可以有选择地移用来分析本文所讨论的习惯法。这首先是因为，这些已经分解了的概念，不仅更加明晰和确定，其运用也更具有弹性，以之为分析习惯法（尤其是其中不易按民法予以简单定性和分类那些部分）的工具，肯定比流行之较大较“完整”的概念更适宜。上举“所有权”概念即一个很好的例子。其次，中国古代法的一个引人注意的特征是倾向于“把财产问题变成为道德问

1 W.W.库克:《所有权和占有》，转引自霍贝尔上引书，页61。

题,把人与物的关系,变成人与人的关系"[1]这一判断虽然主要是针对国家法,略微改变其形式,也不妨用之于习惯法。已经为研究者注意到的比如地权移转中"卖而不断"、"断而不死"[2]的情形,反映的正是人际之间极其错综纠结的复杂关系。一种注意人与人之间关系的法律分析方法应当能够较好地运用在这里。再次,相对于国家法,尤其是相对于正式的律典,作为非正式法的习惯法更适合于应用这套概念,因为习惯法直接产生于日常生活,其功能主要为实用的,不像正式的律典那样有更强的符号意味。

当然,无论西方法律学生长于其中的那个社会还是霍贝尔关注的初民社会,它们都在一些重要方面与我们所要研究的社会有这样那样的不同。与国家正式的法律相比,习惯法固然是杂多的和粗糙的,然而这种制度本身已经有漫长的历史和悠久的传统。通过考察"法语"、"法谚"和各式各样的民间契约,我们可以充分地证明这一点。着眼于此,在借助于现代法律学概念描述和分析习惯法时,我将尽可能由习惯法之固有概念入手,考察它们各自在当时社会生活中实际具有的涵义以及这些概念相互之间经常是界限模糊的关系。此外,在今人对于习惯法尚不具备充分知识,尤其是没有透彻分析之前,我也不准备贸然建立一个习惯法的"体系"。我的做法是选取习惯法中某

1 梁治平:《寻求自然秩序中的和谐:中国传统法律文化研究》页225。
2 杨国桢前引书,页279。

些具有重要性的制度，逐项讨论，这种做法也合乎本书宗旨：展示清代习惯法的一般面貌，再进一步去探究某些相关之理论问题。最后，我还想着重指出，本书在使用“权利”（不拘是所有权、地权还是请求权、特许权等）一类概念时，谈论的主要不是“主观权利”，而是事物的某种外在呈现状态。换句话说，本书运用这类概念基本不涉及权利之观念，而是着重于事物的客观情态：物之归属，行为间之因果关系等。这仍然是一种避免简单移用现代法律概念的做法。权利概念具有太多文化的和时代的内涵，用它来描述、说明和分析 18 世纪前后中国社会诸关系，不能不特别审慎。

习惯法起源例举

孟德斯鸠说：

> 法律应该和国家的自然状态有关系；和寒、热、温的气候有关系；和土地的质量、形势与面积有关系；和农、猎、牧各种人民的生活方式有关系。法律应该和政制所能容忍的自由程度有关系；和居民的宗教、性癖、财富、人口、贸易、风俗、习惯相适应。最后，法律和法律之间也有关系，法律和它们的渊源，和立法者的目的，以及和作为法律建立的基础的事物的秩序也有关系，应该从所有这些观点去考察法律。[1]

以这段话来作我们研究习惯法的指导尤为恰当。因为习惯法原本就是人民生活方式的一部分。它不但与各个地方的

1　孟德斯鸠：《论法的精神》（上册）页7，张雁深译（北京：商务印书馆，1982）。

自然状态有关,而且常常出于这种状态。在这种意义上,习惯法就像是风景,从南到北,自东洎西,习惯随风景变换。当然,习惯法毕竟是一种人文景观,因此,如19世纪历史学派法学家那样把它比作语言应该更加确切。东西南北,方言迥异,文字却是共同的。地方性与通则并存,这一点也表现于习惯法。

所谓习惯法出于自然,这种说法包含两重含义,其一,习惯法并非出于立法者(不拘是国家的还是家族或其他组织的)的意志与理性,而是由民间日常生活中自动显现。其二,习惯法由“自然”塑造而成,此所谓自然,既指实际的生活秩序,也包括山川风物、民俗人情。是以山西之煤窑、四川之盐井、浙江之渔业、岭南之沙田、华北之平原、闽南之山地、两湖之丘陵、江南之水乡,各有其法。习惯法之地域性视此而或狭或广,或大或小,兹举数例如下。

民间典当田地房产,有不定明期限者,原则上是“钱到许赎”,也有定明期限,到期之后可以随时赎回。惟各地习惯,于此赎回期限辄加限制。赎田通常为春前秋后,具体则或以春分或以清明或以惊蛰及秋分为限。赎房或为阴历二、八两月,或以旧历年前或“雨水”为限。法谚“雨水房子惊蛰地”[1]“头年房子过年地”[2]即指此。赎田以春前秋后为限的习惯直接产生于农作秩序,且体现农耕社会中之公正观念。“盖农家种地于播种前必先有种种设备,若赎地时期漫无限制,则狡黠者往往延

1 《报告录》页61,吉林省磐石县习惯。

2 《报告录》页55,吉林省榆树县习惯。

至播种始行抽赎，于典主之损失殊非浅鲜”[1]。另一方面，“秋收尚未完毕，典户当然不能交地，……惊蛰以后气候渐暖，田地皆将着手耕种，此时有地者亦不出典，若许地主赎地，该典主得价之后非候至一年之久不得典种他地，岂非暗受损害？”[2]正因为如此，是项习惯在全国大部分地区皆可以见到，[3]各地法谚亦大同小异，如“三不回春，八不回秋”[4]，“立秋不赎秋，立夏不赎夏”[5]，“三不赎夏，七不赎秋”[6]等。不过，夏、秋除指季节外又可以指夏粮、秋粮，是此项关于赎地期限之习惯又包括公平分配收获物之旨。由此，也有从他方面予以变通者，如河南开封县习惯，凡出当田地时若系白地，则将来仍须至青苗收割后始准回赎，若系带有青苗，则准将来带青苗回赎，法谚谓：“当白回白，当青回青。”[7]山西黎城县习惯，回赎典地不得逾清明节，若在清明之后，夏至之前取赎，其地内收益典户与原业主各得一半，若在夏至以后则全归典户收益。[8]

---

1 《报告录》页 56—57。

2 《报告录》页 67。又据江苏赣榆县调查员报告，赎田以清明节为限，“诚以清明节前麦苗甫见发生，灾熟未定，利害系属两面，节后则麦渐秀实，可望收获，斯时让赎，于当主必蒙损失，此所以限清明节前回赎也。此种惯例契内虽无订定明文，而相沿已久，深入一般人心理，奉行唯谨”。《报告录》页 350。

3 仅《报告录》所载就有直隶、奉天、吉林、黑龙江、河南、山东、山西、江苏、江西、陕西、甘肃等省，详见《报告录》页 216、235、257、268、277、283、286、288、307、350、418、625、643、690 等。

4 《报告录》页 216，河南开封县习惯。

5 《报告录》页 286，山西临汾县习惯。

6 《报告录》页 283、307，山西介休、平陆两县习惯。

7 《报告录》页 217。此项习惯亦见于山西、陕西等地，谚云：“青地青赎，白地白赎。”页 301、628 等。

8 《报告录》页 277。

上述有关典地回赎期限之习惯不但见于全国大部分地区，而且往往移用于租佃关系，成为起佃、撤佃应当遵守的时限，此皆足证其流行的广泛性，而这首先是因为，此项习惯所由产生的"自然"秩序具有足够的普遍性。另一些习惯法规范也可能与"自然"状态有关，然而其通行范围或较小。押租制盛行于南方而少见于东北诸省，是因为南方人多地少，东北地广人稀。南方大部分地区不动产转让必须交付上手老契，东北之吉林、黑龙江则鲜有此类习惯，因为前者相对发达，土地移转频繁，后者土地多系新近垦成而非受让取得。又比如东北、华北许多地区划分土地经界办法，凡两家地头相接，须由两家共同留出空地若干尺供牛马回旋，以免践踏邻田，致成损害引起纷争，是为"礳牛地"；若甲户之地头与乙户之地边相接，则甲户独留出此礳牛地若干尺，乙户亦留出隙地约一尺，以明界线；如若两户地边相接，则两家各留隙地约一尺作为地隔。[1] 这种习惯所以流行于东北、华北各地，显然与这些地方田地平整、广袤之"自然"形势有关。

地理环境、气候变化、人口数量、历史条件等均于习惯法有或大或小的影响，但是习惯法最终得以确立和流行，不能没有乡民之公正观念来支持。许多通行习惯中关于利益分配、损害分担的种种规定，乃经过长时期利益冲突而逐渐形成，因此能够在很大程度上表明民众关于"应然"的某些共识。比如关于

1 《报告录》页66、93、97、103、124、144、160、163、185等。

出租房屋修补费用问题,通常由房客支付日常零星修补费用,房主负担较大损坏下的修缮费用。前者无非室内裱糊镘抹之类,曰小修、小工、垫修等,后者主要指房屋渗漏、墙壁倾斜以及添修、挪修等项,名大修、大工、缮修等。应由房主负担的费用也可由房客垫负,但须由房租中扣除,否则,须于租约解除时由房主偿还之。关于此类习惯,契约内通常注明“上苫房东,下抹房户”[1],“上苫归房主,下抹归租户”[2],“大修归东,小修归户[3]”等语。实际上,除非有特别约定,即使契约中不载此类条款,费用分担情事总是依此“乡俗”解决,[4]医为此种“乡俗”实已具有习惯法的效力。

表明习惯法与公平观念相联系的另一个事例取自租佃制度。

清代地租形态大致为三种:分成租、定额租和货币租,其中分成租历史最久,范围也相当广泛,不仅盛行于北方广大地区,在南方各省亦占有相当大的比重。[5] 分成租之具体比例,仅见于乾隆一朝官方档案的,就有主一五佃八五、主二佃八、主三佃七、主一佃二、主四佃六(俗称“四六分租”或“正四六”)、对分或均分、主六佃四(俗称“倒四六”)、主二佃一、主七佃三(俗谓“倒三七”)和主八佃二(俗称“倒二八”)等十种。[6] 分成租之比

1 《报告录》页 135。

2 《报告录》页 138。

3 《报告录》页 159、211 等。

4 《报告录》页 87、176 等。

5 迄至乾隆时代仍然如此。详见周远廉、谢肇华前引书,章三。

6 详见周远廉、谢肇华前引书,页 100—105。

例如此不同，是因为田有肥瘠之别，地有荒熟之分，且籽种、肥料、牲畜、宅房等或出于主或出于佃，各不相同。[1] 换言之，分成租之比例，主要取决于租佃关系中生产资料与生产要素之占有与分配状况，而非主、佃任何一方的专断。这样说并不否认临时性讨价还价的作用，也不否认有例外存在，但是讨价还价必定有"常例"作背景，例外也只是证实"常规"的存在。我们有理由相信，与"拥有和投放生产资料的多寡"成正比例的分成租制度，至少在某种最基本的意义上，乃乡民有关分配正义之一般观念在租佃关系上的反映。自然，没有任何人规定和确立这种正义观念，它们从无数次个别的和偶然的交往、讨价还价乃至冲突中逐渐形成和显现出来。

习惯法不仅出于社会常态，也可能由社会变动造成。战争、饥馑、灾变、流徙，历史事件既能改变和改造旧习惯，也能够创造新习惯。更确切地说，历史事变可以为新的习惯法制度提供契机。清代民间盛行之"永佃"制度就在很大程度上是所谓历史事变的产物。

清初，土地大片荒芜，因此在全国各地，皆有大规模之垦复发生。清中叶以后，因为人口剧增，又出现大量移垦边疆、海岛及边地山区现象。"永佃"关系即在此一过程中广泛形成，甚且为国家所承认。以甘肃为例。甘省佃农于垦荒时，"必藉绅衿

1　周远廉和谢肇华正确地指出："拥有和投放生产资料的多寡，与分配地租的多少，大体上成正比例"（页 113）。不过他们仍然强调土地（所有权）有"绝对的决定力量"（页 114），这与他们过分地偏重于阶级斗争的立场是一致的。

出名,报垦承种,……复立永远承耕,不许夺佃团约为据”。后有地主“夺田换佃”,以致佃户“忿争越控”。官府认为,甘肃佃户与别处不同,“其租父则芟刈草莱,辟治荒芜、筑土建庄,辛勤百倍,而子孙求为佃户而不可得,实于情理未协”,因此对佃户子孙“求为佃户”之要求予以保护。[1] 有意思的是,19世纪中叶,太平军起义造成浙江、安徽、江苏等地人口锐减、土地荒芜,而在战后垦复过程中,“永佃”乃至“一田两主”现象又复大量产生,以至后人辄将这种习惯法上重要制度的起源追溯至“洪杨兵燹”。[2] 因为战火而使土地契据遗失或被毁,至令后人交易以家谱、碑志及完粮印串等为凭,这类情形亦所在多有。

以上讲习惯法之起源,多从外在的、客观的方面入手,这只是叙述方式上的一种做法。习惯法既生于人群之中,且用以调整人际间关系,靠人之行为体现和维持,自然在任何时候都不能够脱离人、人的思虑、人的欲望、人的理性和人的情感。

习惯法之出于智虑者可以例举以下数端:

其一曰追逐利益。江西玉山县习惯,房屋店铺业经出卖,卖主得任意延宕,或将屋内器物搬移,惟置其平日供奉之祖先牌位延不搬出,必须索得买主相当之礼金始自移去,名为“出屋礼”[3]。起初,买主或因创办世业,又急于修饰,无暇纠缠,遂不计较,慨然与之。其后相沿日久,遂成惯例,以至有人虽于契内

1 事见《清高宗实录》卷一七五,乾隆七年(1742)九月乙酉,户部议复甘肃巡抚黄廷桂疏,转见杨国桢前引书,页96—97。

2 见《报告录》页317等。

3 《报告录》页999—1000。赣县亦有此种习惯,名“出房礼”。《报告录》页985。

载明“出房礼”一并在正价之中,仍不能免于争执。[1] 与此类似的例子是泥木工匠承包建房,每于房屋将峻时不为“了檐”(即了结瓦檐处以便出水),必至委托人另付报酬方可,名曰“找价”。此种做法既成惯例,则无论何家建房,均须出此“找价”,其数额视所建房屋大小而定。[2]

其二曰规避法律,清代土地种类甚多,其中,官地、旗地、屯田等皆不得自由转让。然而,官田为民田大量侵蚀,却是有清一代土地制度演变最突出的现象之一。在此两极之间,乃有一种特殊而又相当普遍的习惯。如陕西长安县习惯,商民筑房于官地之上,一旦出售于人,立“老当不赎”字据,任人永久管业,不再回赎,“其实与出卖无异,所以托名于当者,冀避出卖官产之嫌也”[3]。热河平泉县习惯有所谓“永远长租”契约,用于旗地买卖,实与卖契无异。[4] 江苏南汇县习惯,民田买卖契写绝卖,屯田买卖则书“过田文契”,盖因屯田属官有,民间不得私自买卖,故以“过田”代“卖田”,习惯法上,二者实际效力完全一样。[5] 湖北全省习惯,军业以典为卖,军田以“断卸”为卖。[6] 甘肃毛目县习惯,转让官地避去买卖字样,代以“退约”名目。[7] 又有一些习惯乃因逃税而生。如江西上犹、安远等县习惯,买卖

1 《报告录》页 985、1000。
2 《报告录》页 1001。
3 《报告录》页 624。
4 《报告录》页 709。
5 《报告录》页 885。
6 《报告录》页 1098、1099。
7 《报告录》页 1261。

不动产往往于契中空出价格一项不填,甚至有连订约日期也空出不填者,倘日后不得已必须投税时,即将契价空格任意减价补填,并补填年月。[1] 湖北黄安习惯稍异与此,其不动产买卖所立之契,例不填载实价,每于约外另立“满收字”,载明真价,故卖契内虽曰“满不另书”,实际另有收据。[2] 江苏溧阳习惯则是立契两纸,一为“正契”,一为“酒礼契”,而将价银分写两契,至投税时仅出“正契”。[3]

其三曰杜绝隐患,不动产买卖契约须有卖主亲房人等画押,交产前后之丈量、立界等通常要有四邻到场,这些在有清一代乃极普遍之习惯。而这首先是因为,卖主之亲房、族人及地邻等对于其土地拥有先买权,同样是通行全国的习惯。亲族人画押与地邻到场以其保障交易之显著效用而成为习惯,实在是很自然的。此外,亲族与地邻的参与也提高了交易证明力,有助于确定交易内容和减少事后争端。

其四曰寻求保障。习惯法上许多重要制度如“典”、“指地借钱”、“押租”、“保人”乃至于一般书面契约的订定,都包含有提高交易可靠性的意旨在内,因此也都可以归在“寻求保障”这个题目下面。这些基本的制度,本书在其他地方还要较详细地讨论,故不拟在此多谈。因此,这里所谓“寻求保障”毋宁是指一种较为特别的情形,比如因为正式法上的保障不充分或竟全

1 《报告录》页978。
2 《报告录》页1145。
3 《报告录》页377。

无,乃产生一种特殊甚至“奇怪”的习惯补充之。典当写作杜绝习惯反映的就是这样一种情形。此种习惯既有趣又复杂,当另辟一节详论。这里还是找一个比较简单的例子,比如上面刚谈到的亲族与地邻先买权。

习惯法上,拥有先买权的大约有五类人:亲房人(或以服制为限,或由近亲而远族)、地邻、典主、上手业主、合伙人。[1] 先买顺序则各地不同,典主与合伙人拥有先买权,其“合理性”显而易见。其他几种先买权不同。亲房人与地邻之先买权渊源甚早,而且看上去主要受“传统”因素影响。然而仔细考察这种习惯,可以发现其中未尝不包含维护利益及寻求保障之“合理”动机。就容易想见的理由说,在一个往往聚族而居和安土重迁的小农社会,不但土地相近便于管理,而且购买邻近土地所需之交易费用和风险均大大降低。从反面看,土地不经先买程序而卖与外人又可能令亲房人及地邻蒙受不应有之损失,这一点乃由当时有关赋役征收的法例与习惯造成。山西潞城县习惯,典卖田房已经他人说妥成立契约,亲属得依原议价格争回,“因有一般逃亡绝户本族赔垫空粮之义务”。[2] 而临汾县习惯所以先尽近族、远族再尽本甲,是因为全县粮银共分若干里,里下有甲,甲中分姓,而有“甲倒累甲,户倒累户”之习俗,如某姓族内

1 典主先买权自然只限于典产出卖场合。合伙人先买权则主要流行于一些生产、经营关系中,如盐业契约大都如此规定。详见自贡市档案馆、北京经济学院和四川大学合编的《自贡盐业契约档案选辑》中所载契约以及吴天颖、冉光荣为该编所作的“引论”。(北京:中国社会科学出版社,1985)。

2 《报告录》页266。

有户绝时，所遗粮银则由此绝户之近族完纳，近族无人则累及远族，若远近皆绝，则累该姓同甲之他姓代完。[1] 清代许多地区系以“户”为单位完纳粮银，而此“户”往往不是一家一户之小“户”，而是集许多家户（往往是同姓）在内之大“户”，如珠江三角洲地区即多此类，名曰“总户”。[2]

亲房先买权是一个能够表明习惯法复杂性的好例。如果说在它“传统”的外貌下隐藏了某种“合理”动机，那并不能说明只有此“合理性”才是它唯一的功用，“传统”的外表则不真实或无关紧要。清代民间习惯，人民广置祠产、祭田，且此等田产原则上不能出卖，除非迫不得已且有全体族人或家庭成员的同意。这种现象向我们展示出清代民间宗教生活的一个侧面，同时也为我们提示了另一种了解亲房先买权意义的途径。

清代有些地方习惯，房地卖与本族，无论契据如何书写，一概不拘年限，有钱即准回赎。[3] 因有“至亲（按指三服以内）无断业”或“同族（按指五服以内）无断业”[4]之谚。江西萍乡地方习惯，凡土地房屋田产系祖产遗管而欲出售者，须先尽亲房人等，即使其出价低于外人亦得先买，这叫作“业不出户”[5]。这些习惯突出了对于“祖产”、“世业”的执着，不能不被认为与祖先

---

1 《报告录》页286。

2 详见谭棣华：《清代珠江三角洲的沙田》页185—193。（广州：广东人民出版社，1993）；刘志伟：《清代广东地区图甲制中的“总户”与“子户”》，载叶显恩主编：《清代区域社会经济研究》（北京：中华书局，1992）。

3 《报告录》页309，山西保德县习惯。

4 《报告录》页521、551，福建之建阳、谭平、霞浦诸县习惯。

5 《报告录》页994。

崇拜一类观念有某种关联。另一些相当普遍的习惯也可能与此有关。依国家法，土地买卖须推粮过户，然而民间多有卖地不过粮者，其原因据认为是“不忍以祖遗粮户遽行卖绝”。[1] 在任何一个农业社会，土地的重要性都是无可置疑的。然而对于“祖遗”产业的特别眷恋，却表明可能有一种土地与人之间超乎经济的神秘联系，亲族先买权固然反映了此种联系，上手业主之先买权同样如此。关于这一点，下面述及“找价”制度时还将谈到。

祖先崇拜乃宗法制度的核心，而宗法制度对于亲属、继承诸习惯有着广泛影响，这里仅举一例。

古之继承不同于现代民法继承，其性质为宗法的，而非财产的(尽管其中可以包括财产)，是以其首重嫡长，有大宗小宗之别。清代民间习惯，长子除兼祧近门外例不出继，因有“长子不下堂”[2]，“长子不出门”[3]之谚，长房长子尤其如此，因在许多地方，长房无子而尚未立嗣者，次房不得先长房立嗣；长房无子，次房即使仅有一子，亦须先继长房为后，是为“绝次不绝长”[4]，惟事实上于此等情形多系一子兼祧两房，故有“一门两不绝”[5]之谚。应该说，这些习惯本身就是宗法制度的重要组成

---

1 《报告录》页559，福建屏南县习惯。又见页514等。关于此种习惯也有其他解释，如买主欲避完粮之累，卖主则图一时之利等。我相信，这些解释皆可能真实，换言之，这些原因或各自起作用，或共同起作用。

2 《报告录》页1387，河南固始县习惯。

3 《报告录》页1427，山西潞城县习惯。

4 《报告录》页1330、1427，黑龙江、山西等地习惯。

5 《报告录》页1297，直隶清苑县等地习惯。

部分。

习惯又有出于迷信者。如江苏东台县习惯，租赁家屋限定大寒，谓之大寒期内值年太岁暂时避让，无论何方悉无避忌，故订立与解除契约均在半月之内。逾此，即有空屋亦不愿招收房客。[1] 又比如东北一些地区习惯，订立卖契不用“绝”字，以“绝”字含有家产尽绝之义。[2] 民间广泛流传之“冥婚”及“议婚”先求庚书的习惯更是习惯法出于迷信的著例。

习惯也有出自感情者。如江西萍乡县习惯，普通借贷所立票据均用白纸，用红纸作成票据则系另一种情形，“大抵红纸票之债权人皆系债务者之至亲好友，当先借之时先已言明用途，并告以如达到该用途之目的方可清偿，其清偿期间并无一定，而债权人亦明知其能否清偿为在不可知之数，以碍于情面不能拒绝，遂不得不受其红纸票，以俟其或能偿还之机会”[3]。另一个例子是亲族间不动产转让往往不用卖契，而用“推约”、“归并约”、“并约”、“推顺契”、“榀字”、“过接”、“付约”、“就契”等。[4] 这类做法有些有实际的意义，如陕西榆恒之“过接”与西乡之“付约”均系可永远回赎契约（其义与前“同族无断业”相近），[5] 大部分则与一般卖契无异，其所以避免用买卖字样，主要因为情感上与道德上之原因。

---

1 《报告录》页370。

2 《报告录》页53，吉林全省习惯。

3 《报告录》页997—998。

4 是项习惯见于江苏、山西、湖南、陕西、安徽、浙江、甘肃等省。详见《报告录》页290、295、301、303、315、387、638、641、905、913、934、1032、1040、1059、1258等。

5 《报告录》页638、641。

习惯法主要因道德考虑而形成的例子可以另外举出几种。黑龙江通行之习惯,义子归宗,义父不许索偿,义子不得携产,否则有伤恩义。[1] 换言之,这项习惯因一般道义观念支持而成立。另一个事例与不动产买卖有关。浙江龙泉县习惯,若卖主与买主有亲族关系或卖主系素有声望之人,顾全体面,不肯直书卖契,是以改用"便契",其效力与绝卖契相同。[2] 嘉兴县习惯系以堂名立卖契,卖主以"居间人"身份列名契中,据调查,"是项习惯因素有声望之人往往顾全体面,不肯用自己真名姓出卖产业,乃以堂名写于契内立契人项下,复以不能见信于买主,则以真正卖主之姓名列于见卖人之地位。……彼此仿效,乃成惯例"[3]。以出卖产业为有失体面,这种心态颇可玩味,为顾全体面而变通常规,至令一种新习惯逐渐产生,则又是习惯法演变过程中一种可注意的事例。

习惯法之产生在一地,其传布在另一地;不同地方习惯融汇于一,又可能产生习惯法上之新样态。这类情形甚多。比如清代康熙、雍正时期,闽、粤民人大量拥入台湾垦殖,在此过程中,早已在大陆发展成熟的习惯法制度如"永佃"和"一田两主"等迅速传入台湾,成为当地垦荒及租佃制度的模式。不仅如此,习惯法在此移植过程中也得以发展,因而具有台湾地方特点。[4] 有关习惯法传播的情形还可以举出另一些有意思的例

---

1 《报告录》页 1316 以下。

2 《报告录》页 1059。

3 《报告录》页 1016—1017。

4 详见杨国桢前引书。页 291 以下。

子。唐、宋以降,官定契本样文甚至统一印制的官板契约渐次出现,这些通行一省、数省乃至全国的统一契式,一方面受到民间通行习惯的影响,另一方面又对于各地方习惯具有或大或小的规范和示范作用,因而有利于习惯法在更大范围内的传播。[1]应该指出的是,以这种方式传播习惯法并非只是甚至主要不是经由国家行政手段来实现。事实上,民间日用杂书刊载各种契约格式,这种现象的出现应当不比印刷官板契式更晚,不独如此,日用杂书所收各类民间契式远较官板契式的种类为多,它们对于习惯法的总结、创新、传布等肯定作用更大。[2] 这些日用杂书中汇集的民间"标准契式",不但显示出清代习惯法极悠久、深厚的传统,而且在一定程度上解释了本质上是地方产物的习惯法所以具有如此广泛之统一性的奥秘。

用举例方式讨论习惯法起源,好处是比较灵活,可以随时转换题目。以这种办法来展示习惯法的丰富性与复杂性是适宜的,尽管任何一种习惯法制度本身都是多方面因素综合作用的结果,而不取决于某种单一要素,不管这种要素是主观的还是客观的。问题是,面面俱到的列举容易流于浮泛,而不能够深入到习惯法制度之中,并揭示出这些制度之间的相互关联。这一类问题是下面的讨论希望能够避免的。

---

1 有关"官制契约样文"及"官板契纸"的历史情况,参见张传玺:《秦汉问题研究》页121—122、156—161(北京:北京大学出版社,1985)。关于清代官文书的情况,详见杨国帧前引书,页21、34以及73以下。

2 杨国桢先生在其有关明清土地契约研究的专书中提到明万历以降刊行的日用杂书共十余种,并就其中相关契式作了初步比较。详见杨国桢前引书,页22以下。

习惯法制度考略

本章考察清代习惯法中若干重要制度,以婚姻、析产与继承、土地交易、地权形态、土地典当、会及中人制度为主,兼及其他。这些制度固然不足以概括清代习惯法中所有重要内容,但它们本身在清代民间生活中肯定是重要的,在习惯法上也是基本的,而且,从比较法律史的角度看,它们所具之独特性理应引起学者的注意。

婚姻

有学者将中国历史上的婚姻形态划分为七,即政治婚("婚姻与政治")、门第婚、重婚与世婚、财婚、侈婚、冥婚及收继婚(附"续亲")。[1] 实际上,侈婚只是财婚之一种,收继婚与婚姻尚财习俗有莫大之关系,至其他种种婚姻形态,亦未必不容于

1 详见陈鹏:《中国婚姻史稿》卷三(北京:中华书局,1990)。

财婚，是财婚或为中国历史上最具包容性之一种婚姻形态。这一判定同样可以适用于清代习惯法，这不但是因为财婚在清代民间极其流行，而且因为民间种种婚姻类型多数与财婚有关。鉴于此，以下对于习惯法上婚姻制度的考察就从财婚开始。

“财婚，以资财为婚姻成立之要件也。”[1]这种说法虽然首先针对礼、法（正式法）而发，但在习惯法上也能够成立。民间习惯，婚姻成立或须写立婚书，或只求庚书，或以媒妁为证，或以喝酒吃面为准，各地俗例不一，然而无论何地，收受财礼为最普通的程序，绝少例外。大体上说，父母之命、媒妁之言及收受财礼为婚姻成立最普通的三种要件，而由各种婚姻类型的产生看，财礼一项尤为重要。

虽然财礼多寡依贫富而定，但是民间风俗往往多索财礼，至一般中下人家，辄视为沉重负担，甚至有因贫而终身莫娶者。在此背景之下，于是有各种“补充”之婚姻形态，其最显著之例即“童养媳”制度。

学者谓：“童养媳乃女幼时养于婿家，待年长而后成婚也。”[2]这种习俗或因为男家无力聘娶而价买他姓幼女抚养作媳，或因为女家幼女抚养维艰订婚之日即送至男家，总归是“贫穷与财婚相结合之结果”[3]。清代，童养媳之制极为盛行，不但

1 陈鹏：《中国婚姻史稿》，页 129。
2 陈鹏：《中国婚姻史稿》，页 764。
3 陈鹏：《中国婚姻史稿》，页 764。

贫苦之家“十室之中八九如是”[1],即在一般中下人家也屡见不鲜。

与童养媳接近的另有一种习惯,谓之“未生子先抱媳”[2],即于未生子前预先抱养一异姓女,待生子后即娶以为媳。此种习俗湖北、安徽、江西等地均有,而称之为“花等女”、“花不女”、“望郎媳”、“等媳”、“等郎媳”等。[3] 此种习俗显然也与财婚有关。据民国初年司法调查报告云:“赣南俗例,婚娶最重财礼,动辄百金以上,故能正式大娶者十不得一二。人民图省财礼,每于未生子之前预养其媳,相习成风,不以为怪。”[4]

亲属为婚,向为礼、法所禁(仅元代为一例外),然而,观诸清代习惯,兄收弟媳、弟娶兄嫂之例比比皆是。如山西之沁水、闻喜、夏县,安徽之贵池、和县,江西南部各县,浙江之临海、平湖、泰顺诸县,湖北之襄阳、谷城、郧县、汉阳、兴山、潜江、恩施,湖南之长沙、沅陵、宝庆,陕西之郃阳、汉阳、平利、定县,甘肃之经原、陇西等地均有此等习俗,其名曰升房、转房、接面、转亲等,不一而足。[5] 究其原因,仍与财婚相关。恰如学者所言:“收继婚之普遍民间,实始于元。而尤以农村及边远地区为盛。此俗与中国传统之道德观念实相冲突。明清两代律令又屡禁之,

---

1 《报告录》页1578,福建顺昌县习惯。童养之制几乎见于《报告录》所载各省区报告,不赘引。

2 《报告录》页1628,湖北麻城、竹谿两县习惯。又见页1499,江西各县习惯。

3 《报告录》页1480、1495、1503—1505等。

4 《报告录》页1505。谚云“插朵花儿待儿生”,即指此养媳待男之俗。《报告录》页1502。

5 详见《报告录》有关各条。

而始终不能少革，其故安在？一言以蔽之，曰，贫而已矣。”蒙元时期，天灾频仍，社会经济凋敝，“而民间婚嫁，仍循前代遗俗，非财不得，于是势迫处此，不得不袭元人收继之法，以减轻聘财之费。行之既久，寖以成俗，遂无有知其非者矣。”[1]

一般通例，男婚女嫁，必女入于男家，然而民间习惯，亦有男入女家者，是为“入赘”。大约“家贫子壮，无力娶妇，可入赘而得妻，有女无男，可招婿以承宗，且资以养老”。[2] 无论哪一种情况，都与贫穷不能负担财礼有关，正因为如此，入赘之风盛行于民间，以至有些地方除上等人家外一般人民皆乐为入夫养子，[3]贫穷无力聘婚者虽系独子亦得入赘。[4] 入赘的情形又不只限于有女不嫁者，也多见于孀妇不愿再醮的场合，后者依其目的又分数种，曰招夫养子，招夫养老，招夫传后，坐产招夫。[5] 此外又有一种特异情形，即原夫尚在，但因有废疾不能自营（间亦有荡尽财产不能养家者），亦可以招夫以扶养之，谓为“招夫养夫”。[6] 入赘之人或从女家（或妇之前夫）之姓，或不改姓，其对

1 陈鹏前引书，页 172。浙江义乌、浦江、东阳等地习惯，男家抱养幼女为媳，原议配甲，后甲于成婚之前中道殂亡，则以女转配甲之兄弟乙，成婚不另立婚帖，以从简便，俗名“插花”。此俗通行于中等以下社会，似为童养媳与收继婚混合之变形。详见《报告录》页 1524—1525。

2 陈鹏前引书，页 746。

3 《报告录》页 1588，福建惠安习惯。

4 《报告录》页 1633，1646，湖北五峰，麻城、潜江、京山、谷城等地习惯。

5 《报告录》页 1311、1986、1399、1409、1414、1443、1451、1455、1458、1467、1469、1472、1473、1507、1509、1512、1518、1528、1530、1533、1536、1537、1539、1541、1559、1561、1564、1582、1585、1591、1600、1604、1612、1613、1617、1627、1632、1645、1650、1665、1686、1716、1717、1734、1739、1746、1761、1773、1798、1801、1804、1818。

6 《报告录》页 1530、1612、1653、1667、1702、1718、1769。

于妇之前夫财产或能够管理或不能管理，所生子女或从妇之前夫之姓或归于本宗，各地习惯不同。尽管入赘通常写立合同书，将入赘之目的、时限、要求等一一载明，但要确定有关各方权利、义务仍须求诸习惯法。[1]

民间习惯，也有不收聘金，而以女婿先入女家工作若干年，然后迎娶过门的做法，此或为入赘习俗的一种变体。据调查，浙江松阳在明末清初即有此种习惯。[2] 陕西保安县有一种"女无聘金，男无身工"之婚娶习惯，名为"站年汉"[3]，亦与此同。

由财婚而衍生之婚姻俗例，除上举数种外还有租妻、换亲、孝堂成亲等。

有租妻、有典妻，大抵租妻期限较短而钱少，典妻期限稍长而钱多，实际大同小异。[4] 福建地方称之为"抵押婚"。[5] "抵押婚"通常1）须有媒妁；2）立有书券；3）生子归于典主。出租、出典一方乃因贫无奈，租主与典主则多为"力不能娶而望子者"。[6]

---

1 抄录婚书一道于下：

立主婚招夫文约人马继德，因弟马宗德病故，遗妻张氏，子愚无靠，凭媒招何江连进门为夫，以便务农生理，供给马氏母子衣食。何江连不得懒惰浪荡，倘马姓户内有人言说事端者，有继德承当，不与江连相干。恐口无凭，立婚书为据。（《报告录》页1703，陕西鄠县、潼关、略阳、褒城、兴平等县调查报告）。

2 《报告录》页1531。

3 《报告录》页1757。

4 《报告录》页1555—1556、1529、1543—1516、1506—1511等。

5 《报告录》页1585。

6 《清稗类钞》记甘人租妻之俗云："雍、乾以前，甘肃有租妻之俗，盖力不能娶而望子者，则僦他人之妻，立券，书期限，或二年，或三年，或以得子为限。过期，则原夫促回，不能一日留也。"（徐珂：《清稗类钞》册五，页2201。北京：中华书局，1984）。该书"宁绍典妻"条又云："浙江宁、绍、台各属，常有典妻之风，以妻典与人，期以十年五年，满期则纳资取赎。"（同书，页2204）。

换亲或称转亲，“贫寒之家为子订婚无力置备财礼，遂有轮转结亲者。例如甲乙丙三家各有一男一女，则彼此相商，互结婚姻，名之曰转亲，各家均可减少婚礼上之费用”[1]。这种习俗在贫穷乡村至今犹有所闻。

居父母丧婚娶，向为礼法所不许，但是民间习惯却有丧中迎娶者，称为“孝堂成亲”。考其原因，“大率以父母去世，家中人口稀少，需人料理事务，或因家境贫寒，故趁此时会草率成礼，以免后日之花费”[2]。

财婚尚财，以至婚姻形同买卖。陕西镇安县习惯，贫民养女及笄居为奇货，聘金须铜钱二十四缗或银二十两，甚至，议给银百两以上者，俗谓之“买卖婚姻”。[3] 至福建南安，娶妻议定身价，不称聘妻而称为买妻，且不问是买是聘，“过门后均可由其夫自由转卖，母家绝不干涉，所得身价亦归其夫，女家不分润焉”[4]。

另一些婚姻方面的习惯法制度也与财婚有关。比如在已过财礼，尚未成婚，而婚姻当事人一方死亡时，较通行的习惯为，男死，女家退还一半财礼，女死，财礼概不退还，法谚有“男死得一半，女死全不见”[5]，“男死一半，女死根烂”[6]，“男死退一

---

1 《报告录》页1404，山东荣成县习惯。“换亲”见《报告录》页1313，吉林富锦、同江习惯。

2 《报告录》页1695，湖南武冈县习惯。又见《报告录》页1575所载福建连城县习惯。

3 《报告录》页1740。

4 《报告录》页1583。

5 《报告录》页1411—1412，山西荣河、河曲、洪洞等县习惯。

6 《报告录》页1337，黑龙江海伦县习惯。

半,女死全不还”[1]等。浙江宣平县习惯,未婚男病故,女家须归还全部聘金,女死则男家对于聘金丧失请求权,[2]一般认为,此类习惯的“依据”在于,女在可以另聘,因此不至于无所补偿。[3]这种解释不无道理。

表明财婚影响于一般婚姻制度的另一个例子与寡妇再嫁之主婚权有关。孀妇再醮,何人为主婚,这一问题非仅关乎宗法伦常,实与财礼有关。这一点清人说得明白:“乡野愚民,惟利是视,往往有妇女夫亡,母家、夫家视为奇货,互相争夺改嫁者。然在母家,于伊女出阁之时业已受过财礼,迨既经出嫁,即为他家之妇,如遇夫亡改嫁,自应夫家主婚受财,而非母家所得复行主持矣。”[4]实际上,清代民间习惯,大多数皆以夫家为主婚人,即使由母家主婚择婿,亦必令夫家受财,所谓“娘家择人,婆家得钱”[5]是也。应该说,这种习惯符合当时人对于婚姻所持之一般观念,因此流传甚广。清《会典》康熙十三年(1674)题准:“凡妇人夫亡之后,愿守节者听;欲改嫁者,母家给还财礼,准其领回。”沈家本就此条评论说:“财礼云者,即六礼之纳采、纳币,乃聘女之物,非以贸女也。世俗不明此义,往往因争夺财礼,致启衅端。此等恶俗,猝难变革。《会典》云给还财礼,亦就风俗

1 《报告录》页1417,山西平陆县习惯。亦有全然相反之习惯,见《报告录》页1431、1784等。

2 《报告录》页1432—1433。

3 《报告录》页1412、1533。

4 《旧说》。转见沈家本:《寄簃文存》卷三,“再醮妇主婚人说”。《历代刑法考》(北京:中华书局,1985)。

5 《报告录》页1615,湖北武汉习惯。

之习惯起见。……若夫亡改嫁而必给还财礼,是直以财礼为贸女之物,殊与礼意不合。”[1]然而民间惯习恰是如此。清代某些地方习惯,寡妇再嫁,可以先由其母家给钱领回(“给还财礼”),名曰“赎身”。[2] 这可以视为以财婚为基础之夫家主婚制度的一种补充形式。

上面以“财婚”为基本线索综论清代民间诸婚姻类型,希望能够把清代习惯法上婚姻制度之概貌大体勾画出来,惟需说明的是,婚姻于古代中国人的意义,不仅在于生物学上的延续种族与社会学上的建立家室,更在于宗教上的祭祀祖先、维持宗系。因此之故,婚姻关系中之生子、改姓、归宗等,均具有莫大之重要性。循此,则不但能够了解习惯法上婚姻制度之功用(往往为世俗的,甚至是迫于生计的),而且能够解释其意义。

析产与继承

在中国古代法上,析产与继承虽然有密切关系,但其性质迥然有别,析产只涉及家庭财产的分割与分配,继承却关乎宗系的合法传承。虽然继承地位的获得可以同时包含对一定财产的请求权,但从根本上说,继承制度是宗法的而非财产的。因为这一缘故,继承乃具有义务性质,而在被继承人死亡且无有继承人的情况下,可以由一些相关之人在同一宗族内指定继

1 沈家本前引文。

2 《报告录》页1419,以及页1411之“赎女再醮”,页1444之“买归宗”等。

承人。

论及中国古代继承制度,现代的著作者通常分宗祧继承与财产继承两部分来讨论,[1]似乎财产也如身份一般系由继承取得。因为这种印象,人们便可能忽略古代析产制度的特殊性质,而把它与现代民法中的继承制度(其内容为财产的,其性质为个人主义的,其宗旨为取得权利的)相混淆。事实上,由于古人强调"同居共财",就使家产在很大程度上成为"家属的共财"或所谓"公同共有"的财产[2]。其特征为:1)系家属的公同共有财产,非父祖的专有物。用《明律集解》中的话说即"尊长得掌之,不得而自私也";2)对家产的权利,须有家属身份始可,这不但是说,其权利的得丧系于其家属身份的得失,而且意味着3)共财亲或有份人(即因家属身份而对于家产有请求权者)在家产中的份额系不确定的,因为应有部分因共财亲的出生、死亡

1 参阅张晋藩主编:《清朝法制史》页379(北京:法律出版社,1994);李志敏:《中国古代民法》页56—66(北京:法律出版社,1988);朱勇:《清代宗族法研究》页47—50(长沙:湖南教育出版社,1987);林咏荣:《中国法制史》页135—136(台北,1976)。

2 戴炎辉:《中国法制史》页213、216(台北:三民书局,1979)。

或收养等而变动。[1] 基于这一点,家产的取得即不宜视为遗产的继承,而是在对于家产负掌管之责的尊长生前或死后于诸子中间所作的分割,这就是为什么尊长生前即为析产(甚至分家),不但国法不禁,民间亦视为当然。[2] 这也是为什么唐、宋以来的法律,都把强制性的"均分"(包括尊长在内,如唐令所谓"诸子均分,老人共十孙,为十一分,留一分与老者")奉为析产的一项基本原则。

宗祧继承不同于析产。因为身份系完整的,不可分割,所以只能有一人承嗣宗祧,而这一人的选择又不应当是随意的,必须合乎宗法的原则。唐、宋以来的宗祧继承均实行"嫡长"原则,即按嫡长子、嫡长孙、嫡次子、嫡次孙、庶长子、庶长孙、庶次

---

1 参阅戴炎辉上引书页213—216、266—267。戴著着眼于此,所以不说"财产继承",而是在"家产"项下讨论"分析"(详其书章四),"继承"则另立一章,专讲身份的继承(详其书章八)。因为只有财产并非共有而属私人所有时才有遗产继承发生,所以戴著将"家产分析"明确区别于"遗产继承"(详其书页266—267)。在中国古代家族中,符合上述意义的"私产"并非绝对不存在,而其"继承"同是依照分割公同共有财产的方法,以至一般"家产的分割与继承"缺乏明确的界限(页267)。我想,正因为"遗产继承"没有特别的方法,且此种"私产"并非家族财产的基本形态,所以戴著并不把它列为专题。此外,戴著也指出,由于直系尊长对于子孙的教令权甚强,以至实际上可能专断地处置家产,"致家产似不具有共财的实质"(页214)。然而,在法律与习惯的限制之下,出现这类"专断"的可能似乎不宜夸大。《英国皇家亚洲学会中国分会会报》报告说:"我们询问过的所有官府当局都这样说:法律不允许一个人用遗嘱的方式把土地转给他自己儿子以外的任何人,不论儿子怎样堕落或挥霍,疯癫或低能。""把财产任意遗赠给任何人的一种自由权力,在中国还没有听说过。"(卷二十三,页150、73、1889,上海),转见李文治编:《中国近代农业史资料》(一),页12(北京:生活·读书·新知三联书店,1957)。

2 至少自唐以降,国家法总是禁止父母在别籍异财,而且一般也不鼓励在父祖生前析产,以至民间析产(尤其是分家)往往是在父祖死后,但这一点并不足以证明存在所谓"财产继承"。国家禁令是为了防止供养有阙,有损孝道,基于同一大原则,国家法总是强调"同居共财"。

子、庶次孙的顺序承宗。子孙全无者为“户绝”，其人可以择立嗣子，其程序有“应继”，有“爱继”。“应继”系于五服亲属之内由亲及疏依序择立昭穆相当之人为嗣子，若五服亲属俱无，则可以在同宗亲属中自由择立昭穆相当之人，是为“爱继”。如果被继承人未立嗣而亡，其遗孀若能守志，可以在族长监督下为立继，否则(或夫妇双亡)，被继承人之父母、家长、族长等可以为立嗣子，是为“命继”。[1]

宗祧继承人当然可以亲属身份参与析产，民间习惯往往有所谓长房提留产，以供祭祀之用，而在“户绝”的情况下，承嗣之人可能成为全部家产的唯一领受人，宗祧继承与家产的分割不但有关，且十分密切，正惟如此，民间争继之事大多与争财有关。

以上所述虽不尽为习惯法制度，但可以视为清代习惯法上析产与继承制度的一般背景。各地习惯间的差异，或者是对这些基本原则的补充，或是对它们或大或小的偏离，然而均不足以成为一种新的制度形态。这部分是因为，清代的宗族组织比较发达，而在析产、继承(尤其是继承)诸原则方面，宗族的立场又与国家条法最相接近，这就使得传统的宗法观念获得更加有力的保障，而愈益深入人心。尽管如此，宗族势力并非无所不至，国家条法亦不能包罗万象，宗法之制度还可能与人情相违

---

1 依宋法，“立继”与“命继”相对，专指夫亡妇为立嗣的情况。详见戴炎辉前引书，页269—270。而在有的法制史著作中，“立继”被用来指嫡庶子孙全无情况下择立嗣子的行为，以与“承继”相对。见张晋藩前引书，页379。

背，凡此种种，皆是我们在考察习惯法上有关制度时可以注意的。

清代法律严禁以异姓子承宗，“异姓乱宗”在一般宗族法上也总是悬为厉禁，然而由《报告录》所载各地习惯看，民间收异姓子为继子、招婿以承嗣以及过继姐妹之子、异姓兼祧、以外孙或义子之子为继者可以说比比皆是，乡民恬不为怪，往往有宗族不加干涉且登其名入谱者。[1] 大抵人烟稀少之地、客民流寓之所、宗族组织不严、势力不强之时，最可能发生上述习惯。最初，异姓承宗或须有亲族同意，继而有以钱买入谱之权，而在此种习惯强而有力之时，远近族人（包括昭穆相当之人）或任其自便，不加干涉，或实际上已不能够过问了。这种情形不但可以表明社会情态之复杂，地方习惯之多样，而且向我们显示出个体偏离社会模式的行为，如何在特定情境之下逐渐演成一般习惯的过程。一些地方并立二嗣的习惯尤其可以用来说明这一变化过程。浙江丽水县习惯，无子者择立所亲爱者为嗣子，同时于宗亲中再立亲等最近者一人为嗣子，倘非如此（按指后一

1 《报告录》页 1378、1398、1410、1418、1421、1447、1452、1453、1461、1465、1466、1470、1471、1473、1476、1479、1489、1491、1493、1496、1500、1526、1527、1550、1554、1564、1567、1569—1570、1573、1574、1578、1589、1591、1594、1598、1601、1616、1619、1625—1626、1631、1636、1653—1654、1655、1656、1660、1666、1673、1680、1690、1704、1706、1121、1727、1729、1738、1743、1744—1745、1748、1758、1763、1765、1768、1771、1773、1783、1784、1785、1787，1797，1808、1810、1811、1816、1821—1822。附宣统二年（1910）继书一道：

立承继文书汪坤源，今缘子众，情愿央人为媒将次子真能继胡士半为螟蛉之子，自继之后，任从改名换姓，读书婚配，抚养成人，上承宗祧，下开后裔，双亲年老供奉甘旨，天年后丧葬尽善尽美，毋得忘恩负义，以伤抚养之情，如有此情，作不孝论，尤恐无凭，立此承继文书为证。（下略）（《报告录》页 1554—1555，浙江吴兴县调查报告）。

行为)，则非议蜂起，“无子者始虽不愿，终则因受舆论之影响，仍从公议，照例并立以弥争竞而保和平者往往有之”[1]。海盐县亦有异姓承宗之习惯，“惟有时因同宗之人出而告争则另于宗亲中择立一人，名为应择子，该异姓子名为爱继子，被承继人遗存之财产或二人均分或四六分拍云”[2]。陕西吴堡县有挨子爱子同时承继习惯，挨子乃应继之人，被承继人虽不满意亦不得强为拒绝，然而被承继人能够自由择立爱子，“亲族及挨子均不得干涉阻止”[3]。至甘肃定西县，民间立嗣必先立爱，若无爱子始由亲及疏挨次讨嗣，因有“先讨爱子，次讨亲族之子”之谚。[4]应继表明宗法规则，爱继则体现个人意志，并立二嗣即礼法与人情的调和。以内侄继姑父母，以外甥继舅父母之习惯，也可以说是这种调和的结果。内侄与外甥虽非被承继人同宗，但与之血缘相近，且往往感情融洽，是以此种习惯在清代民间极为流行和强大，以至清末修律大臣亦不以为非，而倡为变通之说。[5]

被承继之人无嗣而亡，有关之他人可为之“立继”与“命继”，然而无论国家之法、宗族之法，皆未必周全，于是在传统的应继顺序之内，发生一种与各地风俗相结合的习惯法，例如河南开封习惯，凡亲丧，出殡之日，灵柩出门，其子例掷瓦器于后，

---

1 《报告录》页1549。
2 《报告录》页1555。
3 《报告录》页1764。
4 《报告录》页1787。
5 详见沈家本：《变通异姓为嗣说》，《寄簃文存》卷三，《历代刑法考》(北京：中华书局，1985)。

俗称“摔牢盆”，凡行此者必为其子，故继嗣未定之人死后，有继承资格者往往争摔牢盆以为取得继承之根据。[1] 类似习惯在中原及西北部分地区似乎相当流行，如山东东阿县习惯，亲亡故，长子于行柩时摔一瓦盆，其底钻孔，父一母三，谓之“摔漏盆”；[2] 临朐县习惯，无子者未及立嗣而死，出殡之日谁将柩前烧纸之盆顶出（俗称“劳盆”），亲友即认为其人有承继权；[3] 山西神池县有“打烧纸盆”（亦称“打沙锅”）之习俗；[4] 临晋县习惯嗣子承祧不立继书以“顶盆”（出殡时头顶烧纸瓦盆由族中长者以棍击破）为证；[5] 岗城县有“顶盆搭幡”之俗；[6] 陕西兴平、咸阳等县有“顶贫破盆”习惯；[7] 渭南、华县、洋县、华阴、邠县、临潼等地“顶盆”又称“顶占门份”；[8]“顶盆”之俗亦通行于甘肃全省。[9] 在另一些地方，丧葬时之“送盘川”（即烧纸钱）、“打幡”、“抓土”等行为具有同样之象征意义及习惯法上的效力。通常情形，“摔盆”、“顶盆”之子侄纵使最后未经宗族指立为嗣，亦能分得若干“户绝”财产。因此之故，争继者竞相“顶盆”、“摔盆”及“打幡”情事时有发生。陕西渭南县习惯，凡无子嗣之人未曾立继而亡，无论其家道富厚、寒微，宗族辄置纸灰盆于棺盖，至灵柩出

1 《报告录》页 1381。
2 《报告录》页 1394。
3 《报告录》页 1402。
4 《报告录》页 1421。
5 《报告录》页 1444。
6 《报告录》页 1456—1457。
7 《报告录》页 1707。
8 《报告录》页 1722。
9 《报告录》页 1769—1770。

发时摔毁。如此,则于争继之场合可以避免事端(事后另行设定嗣子),而在无人愿为承继时则可以为无承继人之表示。[1] 类此做法已近于对习惯之有意识的运用了。

"永佃"及"一田两主"

"永佃"与"一田两主"系历史上相关然而形态各异的两种制度。以往,论者于此多未觉察,辄将二者混为一谈,这一点已经杨国桢先生指出。[2] 以下更分别详述之。

租佃制度上之"永佃"至迟于明代中叶就已流行于东南某些省份,明万历年间刊刻的民间日用杂书中即收有表明"永佃"关系的契式,内中写有"不限年月"、"永远耕作"等语。[3] 其主要特征包括:1)佃户负有按约定交租之义务;2)在履行其义务的前提下,佃户能够"不限年月"、"永远耕作"地主土地,地土则

---

1 《报告录》页 1743、1744。

2 详见杨国桢前引书,页 91—113。

3 附录永佃契式两道:

某里某人置有晚田某段,坐落某里某处,原计田若干种,年该苗米若干桶乡,原有四至分明。今凭某人作保,引进某人出赔价纹银若干,当日交收足讫明白,自给历头之后,且佃人自用前去管业,小心耕作,亦不得卖失界至、移丘换段之类。如遇冬成,备办一色好谷若干,挑送本主仓使(所)交纳,不致拖欠。不限年月,佃人不愿耕作,将田退还业主,接取前银,两相交付,不至留难。今给历头一纸,付与执照。[赤心子编:《翰府锦囊》,万历十三年(1585)刊。转录自杨国桢前引书,页 92]。

某宅有田一段,坐落某处,今有某前来承佃,每冬约经风干净谷若干,收冬之时,挑载至本主仓前量称,不敢升合拖欠,倘遇丰荒,租谷不得增减。永远耕作,如佃人不愿耕作,将田退还业主,不许自行转佃他人,任从业主召佃,不得执占。今欲有凭,立此佃批付照。[范涞编:《范爷发刊士民便用家礼简仪》,万历三十五年(1607)刊。转录自杨国桢前引书,页 92—93]。

不得"增租夺佃";3)地主的变动并不影响于佃户地位,即法谚所谓"换东不换佃"、"倒东不倒佃";4)佃户可以随时退佃,但不得自行转佃。清代此种租佃关系,不仅盛行于东南,而且扩展于华北、西北、西南、东北及华南等地。其名称有"长耕"、"世耕"、"永耕"、"长租"、"永佃"、"永远耕种"、"永远给种"等。[1]

"永佃"产生之具体途径,经学者指出的至少有:1)开垦荒地,投入工本;2)改良农田,提高土地经济收益;3)交纳押租钱;4)低价典卖土地而保留耕作权;5)长期"守耕",地主认定;6)通过"霸耕"等斗争方式。其中,开垦荒地和交纳押租钱为产生"永佃"关系最主要的两种途径。[2] 关于"永佃"制度产生及分布诸问题,前人论述较详,兹从略。

作为一种相当稳定的租佃关系,"永佃"制的确立与推广无疑具有重要意义,而它最可注意的一个结果,是产生了在整个清代土地制度及农业发展上都颇具重要性的"一田两主"形态。关于"一田两主",这里可以引用已故日本学者仁井田陞的一段话来作说明。

---

1 详见杨国桢前引书,页 92—96。又可以参阅周远廉、谢肇华前引书,页 301—302。这两位作者根据其对乾隆朝刑科题本土地债务类档案的研究,对清代"永佃权"的发生、传播、分布及表现形式等问题作了初步的梳理与说明,颇有参考价值。不过,这两位作者显然是把"一田两主"形态也当作"永佃权"来处理了。详见其书章七。关于这种名称上的混淆及其不恰当处,下面将作必要的分析。

2 杨国桢前引书,页 96—98,299—300。戴炎辉先生就"永佃权"成立之原因列举有七种,即给垦、改良、受押租钱、私垦地放租,保留佃权、投献及施舍、久佃。详其上引书,页 305—306。又参阅周远廉、谢肇华前引书,页 288—302。该书第六章关于清代押租制的论述也颇有价值,可以参考。此外,《报告录》中亦有大量有关押租制的记载。不过,一般说来,东北地方押租制远不及南方普遍,甚至有地主代佃户垫支各项费用情事,这显然与其地广人稀的自然状况有关。

> 把同一地块分为上下两层，上地（称田皮、田面等）与底地（称为田根、田骨等）分属不同人所有，这种习惯上的权利关系就是"一田两主"。田面权（上地上的权利）与田底权（底地上的权利）并列，也是一个永久性的独立物权。底地所有人的权利，是每年可以从享有土地使用收益权的上地所有人那里收租（固定的得利），但是欠租一般不成为解约的原因。而且，上地底地的所有人，各自处分其土地时，互相间没有任何牵制，这是通例。也就是说，即使对上地转让出租，也可以任意作为，底地所有人的同意不是转让出租的要件。从而上地底地所有人的异同变化，不会引起其他一方权益的任何消长。[1]

"一田两主"关系可以追溯至明代，有些地方甚至可以追溯到元。[2] 不过，这种制度在清代获得迅速发展却是与"永佃"制的广泛实行分不开的。

作为一种习惯法制度，"一田两主"也像"永佃"一样，乃由经济生活及租佃方式的变化中逐渐产生，只不过，前者是后者更进一步的发展，且体现了主佃关系中的新变化。这种新变化就是，"永佃"关系中佃户一方讨价还价的能力日益增强，以至

1 仁井田陞：《明清时代的一田两主习惯及其成立》页 411，载刘俊文主编：《日本学者研究中国史论著选译》（第八卷 · 法律制度），（北京：中华书局，1992）。

2 如江苏地方之"一田两主"习惯就可追溯到元代，福建地方习惯至迟也可以溯至明代。见仁井田陞上引文。

能够隐蔽地、半公开乃至公开地将自己耕作的土地转佃和转让第三者,最终造成田底与田面的分割——一种地权分割的相当完整和彻底的形态:佃户对于田面拥有特许权,同时对于地主负交租之义务,称为面主、皮主等;地主对于田底有特许权,同时保有对租谷的请求权,称为地主、大租主等。这一系列变化发生和完成于一个相当长的时间,因此能够由民间各种契式、行为和习惯中见出。

最初,佃户将田"私相授受"的行为必定是隐蔽的、不合习惯法的,因此也一定受到地主方面的普遍反对。然而,因为付出代价而形成"永佃",又因"永佃"而倾向于"私相授受",这几乎是自然的和不可避免的。毫无疑问,明、清"永佃"制度的非封建性是由"永佃"关系转生出"一田两主"形态的不可或缺的社会学前提。[1] 不难想象,尽管有事前的契约性限制以及事后地主的反对和阻止,佃户方面的"私相授受"仍然分散地但是大量地发生。在此一阶段,佃权的转让虽然具有买卖性质,但是

1 与欧洲封建制下的永佃相比较,这一点尤其突出,封建制原本是以土地之占有为前提,因此,"永佃"关系中的"私相授受"势必破坏其基础,因而受到结构性的限制。这类问题在中国并不存在。明、清时代之土地占有,就我们研究的领域而言,乃地主占有制。"一田两主"形态的出现并不破坏原有结构,相反,它使得此种结构更具弹性和包容性。

不用卖契,而以“顶”、“推”、“流”、“退”、“借”、“寄”、“揽”等契代之,[1]至此种“私相授受”行为经历一定时期,发展至相当规模,形成地方之“乡例”、“俗例”,地主亦不得不予认可,佃权的转让遂获得合法性,有些地方就直接采用卖契。[2] 这时,田皮与田骨完全分离,皆可以独立、自由地出典和出卖。闽俗,“田有皮骨之分,买卖皮田者,契上书王丨字,田字去左一直,读若爿;买卖骨田者,契上书匡字,田字去右一直,读若棱,皆俗制字”[3]。可知皮、骨分卖已成为当地通行的做法。因为有此习惯存在,甚至在一田一主的场合,地主亦可以或先后或同时分别处理田底与田面,由此形成“一田两价”、“一产数卖”以及一田两契或数契的现象和惯行。清人尝记福建仙游俗例云:“田分根、面。

1 附录“顶”、“退”契各一道:

立退帖人友职,今因无银使用,特自置田业一处,坐落土名菜子坑大照坳下左右两处,共载老租十角正,其田要出退于人,请中向本家相叔近前承顶为业,过手耕作,当日言定,顶耕银八两五钱正,倘有上手租税不明,不干顶人之事。恐口无凭,立退帖为照。(下略)[康熙五十六年(1717),江西安远县,转录自杨国桢前引书,页104。]

立杜顶首人侄孙近仁,因有曾姓屯田三丘十亩,奈身无力耕种,浼凭中证宗族说合,杜顶与叔祖义先名下耕种。当日议定杜顶首纹银三十两整。比日是身收讫,其田听义先永远耕种,再无异说。随田草屋三间两厦,树木塘池一应在内,与身无涉。其田日后再不得借口生端,倘有此情,听凭中证宗族执纸付公理论,今欲有凭,立此杜顶永远存照。(下略)[乾隆二十一年(1756),安徽芜湖县,转录自杨国桢前引书,页104—105。]

2 此种卖契各地名称不同,如称卖田皮契,卖小苗契,卖税田契,卖质田契等。此外,田皮买卖也有活卖与绝卖两种形式。参阅杨国桢前引书,页36—38。这里应当说明的是,田皮转让采用卖契固然反映了“一田二主”习惯的某种发展,但是否采用卖契这一现象并不足以表明“一田二主”习惯确立与否的一般情况。事实上,在这种习惯久已流行的地区,民间契约依旧使用“顶”、“退”等字样的仍不在少数,如徽州民间契约。详见《明清徽州社会经济资料丛编》(一)小卖田部分。(北京:中国社会科学出版社,1988)。

3 《闽杂记》卷八。转引自杨国桢前引书,页108。

根系耕佃纳租,极贵;面系取租完粮,极贱。买卖田房,一日并立三契,将契价分碎。先写契根,价为上等;次写找契,价为中等;终写面契,价斯下矣。”[1]相反,如若皮、骨一契卖出,必书“皮骨田”、“根面全”或“大小全租”等字样。

由“永佃”转生“一田两主”之过程必定相当复杂,其间不但包含有种种过渡形态,而且各地方发展之先后、程度及表现形式也不尽同。尽管如此,其基本线索应当是比较清楚的,就如杨国桢先生所指出,其“一般规律”乃“从‘私相授受’佃耕的土地开始,经过田主承认‘佃户’的田面权但并不准自由转让的初级形态,到‘佃户’获得转[让]田面权的完全自由,并形成‘乡规’、‘俗例’,得到社会的公认”[2]。

清代,“一田两主”在江南及东南诸省如江苏、浙江、江西、安徽、福建及台湾等地最为盛行,福建有些地方还有“一田三主”之情形出现。[3] 在其他地方,“一田两主”也往往循垦荒—永佃之途径发生。如热河隆化、围场、平泉等县,原多荒地,“凡有土地权者多半无力开垦,遂招集佃户,许以成熟后永远耕种,每年纳租粮若干,从此不得增租夺佃,载在租约。及至代远年

1 陈盛韶:《问俗录》卷三(北京:书目文献出版社,1983)。

2 杨国桢前引书,页113。文中所谓“不准自由转让”的“田面权”只能被理解为“佃户”转让佃权须以地主同意为条件的情况,杨著页112录有一道乾隆四年(1739)的“给佃批”即指这种情况。尽管如此,不准自由转让的“田面权”一句仍易生误解。因为“田面权”完全可以被视为“一田两主”制度上的概念,“田面权”的出现即“一田两主”习惯形成的标志。此外,这里还要顺便指出,“一田两主”习惯于“永佃”之外,也有经其他途径形成者,如“租权分卖”以及各种“无偿设定”。详见戴炎辉前引书,页302—303。

3 参阅仁井田陞前引文。

湮,佃户甲转顶与乙,乙转丙,互相推递,无论移转何人,业主不得过问。业主但有收租之利益,而无撤佃之权利"[1]。此种习惯至民国初年仍属有效。其他如广东、湖北、河南、山西、直隶、绥远、黑龙江、甘肃等省区,均发现有"一田两主"之习惯。[2] 可以注意的是,租佃关系中的"一田两主"形态也见于荒山和水域:山有山皮山骨,水有水面水底,皮、骨分立,底、面分离,或可以独立典当和转让,或只能照约分别使用和收益。[3] 此皆足以证明清代民间经济生活中"一田两主"形态的广泛性和渗透性。

尽管各地方发展并不平衡,成熟的"一田两主"形态大约在清代中叶就已出现,而且在全国范围内形成相当规模。19 世纪中叶的太平天国运动似乎也对"一田两主"制的发展起了某种促进作用,尤其是在受战争破坏较重的江、浙、赣、皖等省,"永佃"及"一田两主"均在战后的垦复和其他租佃关系中得到进一步发展,后者的发展尤为突出。至 20 世纪 30 年代,实行"一田两主"制的土地,在江南地区多在租田的百分之五十以上。[4] 这些又可以视为"一田两主"形态之广泛性与渗透性在时间上的表现。

---

1 《报告录》页 710。

2 参阅杨国帧前引书,页 130—131。杨著这部分引用的材料主要出自《报告录》,他用这些材料来说明"地权分化在近代的影响"当然是很稳妥的,不过,《报告录》中所载习惯往往起源甚早,如上引热河"一田两主"习惯,这一点也应当注意。

3 参阅杨国帧前引书,页 131—132。此外,关于"一田两主"中之田面、田底,各地习惯叫法不同,以至有完全相反者,杨著页 128 就福建 28 个县关于田面、田底的不同名称列有一表,仁井田陞前引文注[十二]就江苏、江西、福建三省部分地区之"一田两主"名称以及福建之"一田三主"名称亦整理出一表,皆可以参阅。

4 参阅杨国桢前引书,页 122—130。

关于“一田两主”现象之社会学意义问题，下面在适当地方再作讨论。这里仅就“永佃”与“一田两主”两种制度之性质与名称等问题，在上面讨论的基础上稍加检讨。

以上有关“永佃”与“一田两主”的讨论始终未使用“永佃权”一词，尽管所有关于这一主题的讨论和论争都是围绕这个词展开的。我所以避免“永佃权”一词，主要是因为它已经带来的混淆和混乱至少和它在描述“永佃”关系时所具有的说明力一样大。

永佃权与“永佃”，虽仅一字之差，其渊源、内涵及意义等却相去甚远。“永佃”如同“世耕”、“永耕”，乃清代民间契约用语，它们直接反映某种租佃关系。永佃权则否，它是一个分析概念，其确定内涵首先来自现代民法，其渊源又可以追溯至古代罗马。在优士丁尼法中，永佃权可以被定义为：“一种可以转让的并可转移给继承人的物权，它使人可以充分享用土地同时负担不毁坏土地并交纳年租金的义务。”[1]惟永佃权人转让永佃权之行为须有所有人同意，且后者享有“先买权”（其有效期为两个月），倘其不愿买回，永佃权人须向之支付所获价款的2%。[2] 罗马法上的永佃权，经中世纪民法学家演绎而为一些近现代国家立法所采纳。《中华民国民法典》第八四二条谓：“称永佃权者谓支付佃租，永久在他人土地上，为耕作或牧畜之权。”此种永佃权包括对他人土地之永久使用与收益、自由转让

1 彼德罗·彭梵得：《罗马法教科书》页267，黄风译（北京：中国政法大学出版社，1992）。

2 参阅彼德罗·彭梵得上引书，页264—268。

及设定担保诸项权能，但是“永佃权人不得将土地出租于他人”（《民法典》第八四五条第一项），否则即构成撤佃之原因（欠租达二年总额亦构成撤佃原因）。[1] 我们尽可以将古今有关永佃权的所有其他制度，如罗马法上关于永佃权的各种物权保护之诉，古代和现代法例中有关永佃权产生、设定及消灭的各种规定等置于不顾，单拿简单的永佃权概念去分析清代的“永佃”或者“一田两主”关系。但是非常明显，无论上述哪一种永佃权定义，简单地说，其权能均较“永佃”为大，比“一田两主”为小。而这是引起永佃权一词在使用上产生各种混淆的主要原因。

误用“永佃权”的最典型做法是把“永佃”与“一田两主”统统置于永佃权中而不加区分。这种做法见于历史学家、社会学家和法学家。[2] 杨国桢先生指出了这种错误，但他自己不过是把永佃权一词用于“永佃”关系，而没有就这个词作进一步的限定和说明，因此不足以杜绝混淆。在一些法制史著作中，永佃权或明或暗地被区别于“一田两主”，然而混淆仍在一定程度上存在。如有人认为永佃权人享有部分处理土地的权利，其中甚至包括无须田主同意即将田地转让的情形。[3] 要在永佃权与

---

1 参阅郑玉波前引书，页 172—178。

2 历史学家方面我曾提到周远廉，谢肇华的著作，详见本书页 83 注 1，其他方面的事例参见杨国桢前引书，页 125—126。

3 张晋藩前引书，页 366。该书同处又有“清代后期永佃权逐渐向‘一田两主’过渡”等语，并未将二者等同。戴炎辉先生在讲“永佃权性质”时也谈到永佃权人得不经业主同意即处分其权利的情形，然而在论及“永佃权与小租权关系”时，则不但将永佃权与“一田两主”（小租权）明确分为二事，而且将永佃权人转让佃权时是否须有业主同意视为区分二者的标志之一。详见其前引书，页 306—307。

“一田两主”之间加以区分显然是基于这样一种认识:“一田两主”表现为所有权的分割,即田底与田面两个所有权的并立,永佃权不能够恰当地说明此种复杂情态。[1] 然而,无论是说“分割所有权”还是“部分所有权”,用来指称“一田两主”都可能造成歧义。前者很容易让人联想到欧洲中世纪的分割所有权或双重所有权,此二者表面的相似更使这种借用貌似有理。[2] 后一种提法令人迷惑。近代的所有权概念是完整的和不容分割的,如何去想象“部分的所有权”或同一物上的两个所有权?即使不考虑这种情况,所有权概念告诉我们的东西似乎太少了(恰因为这个概念“太大了”)。事实上,“永佃”关系中的佃户能否将其“佃业”(包含上述“永佃”关系中佃户的全部利益,或简单地说“田面利益”)自由、独立地转让于他人,乃“永佃”与“一田二主”之间最根本的不同。在前一种关系中,佃户有交租的义务,并对佃业的保持有请求权(“换东不换佃”及“世代承耕”),地主则不但对于租谷有请求权,对于佃业的转让亦有请求权(“不许自行转佃”)。而在后一种关系中,地主仅保有对于租谷的请求权,“佃户”则取得对于“佃业”的特许权(“听任佃户顶耕”),这种描述显然比所有权的分割一类说法更确切和具体,从中不但能够清楚地见出地主与佃户相对关系上的变化,而且

---

1 戴炎辉先生明白使用了“分割所有权(大小租、田骨皮)”的提法。详其前引书,页 301,并参阅页 301—303、307。杨国桢先生的说法是“分割出部分所有权—田面权”。详其前引书,页 91 以下。张晋藩前引书则有“田骨与田皮两种所有权”之说(页 366)。

2 关于德国中世纪“分割所有权”与“清代一田两主”之间的异同,仁井田陞有一段简洁明晰的讨论,见其前引文,页 415—416。

不难看到皮盛骨衰的发展前景(地主仍负有完粮义务是另一原因)。

上面的讨论可以说明本文没有沿用"永佃权"及"分割所有权"一类概念的原因。在我看来,至少到目前为止,"永佃"与"一田两主"以及由田底、田面生发出来的田底权、田面权(它们虽然在构词法上与永佃权相同,且同为现代人运用之概念,但是没有罗马法的渊源)等概念,经过适当说明,仍可有效地描述与之相关的法律关系。自然,本文所用的"永佃"概念也已不简单是清代民间契约中用语,它已被抽象成一个有明确界定的具有说明力的概念,用来指称一组关系,而在民间契约里面,内写"永佃"字样的契约未尝不可以代表实际上的买卖关系。[1]

典与卖

典之制度为中国所特有,而于民法典中将"典"列为专章,在近现代国家立法中也以中国为仅见。《中华民国民法典》第九一一条关于"典权"的定义如下:"称典权者谓支付典价,占有他人之不动产,而为使用收益之权。"大体上说,这也是下面将要集中讨论的问题。这样说并不表明本书将主张典的用益物权说,如上述定义中某几个词所显示。我的用意,只是想把注意力集中于民间习惯中"典卖"之"典"这一最具独特性和重要

1 这种情形主要表现在诸如清代旗产或台湾番业这种典卖受限制的土地上面(戴炎辉前引书,页307)。这实际是一种规避法律行为,参阅上文。

性的制度上面。为此,下面不妨先就清代习惯法上“典”这一概念的意蕴稍加分殊。

习惯法中,上文意义上之“典”亦称质、当等,有时又与押、抵当、抵押混用。另一方面,称典、当者,也可以有其他涵义,指称并不相同的习惯法制度。比如,杜甫诗“朝回日日典青衣”、陆游诗“不典春衣买醉难”等,就常为中国典当史的研究者所引用,据说,清代民间极尽发达的典当业可以溯其源至唐、宋乃至更早的六朝。[1] 此种意义上之典、当自然也是清代习惯法上的重要制度,学者已有专论,兹不赘。又,有时与典、当混用的抵当、抵押等,主要指一种与典相近而不同的习惯法制度,俗谓“指地借钱”、“靠产揭钱”等,其特点是不移转抵押物的占有,惟议定利息,书立借券,通常须要交付上手契照,到时回赎。这种借贷习惯在清代民间也颇流行,限于篇幅,本书亦不拟专论。此外,典须交产,当则未必。也有学者认为当只是在典之基础上,每年另外加纳粮银若干。[2] 此类差异,本书一概从略,无论典、当、抵当等,俱从一义,即上文定义之典。

清代民间之典的关系,大体可以这样来描述:出典人(业主、原业主或原主)将其田(房、地等)交与典主(银主或现业主)收管,前者获得典价,后者则对于典产使用、收益;典产可以回赎,若双方约定期限,通常到期之后随时可赎,若无约定期

1 参见宓公幹:《典当论》页1—3(上海:商务印书馆,1936);区季鸾:《广东之典当业》页1(国立中山大学经济调查处,1934);曲彦斌:《中国典当史》页19以下(上海:上海文艺出版社,1993)。有关清代典当制度可参考以上诸书。

2 详见杨国桢前引书,页41。

限,则钱到回赎(亦有约定到期不赎即作绝卖者);出典人可要求加典,即在回赎或作绝之前向典主增找典价(找价、拔价或添典),也可以"找贴作绝",即在找价之后将典产出卖与典主;回赎之时,出典人须备足原典价及加找之价,典主不得留难;此外,典主可将典产转典,且依多数习惯,于出典人出卖典产时有先买权。[1]

典之关系中,出典人与典主相互间权利、义务固然不止以上诸端,但是上面的描述应该说已揭示出此种制度最基本之特征和最重要的原则,即典须交产,典可回赎(往往无有止期,因此有"典在千年","一典千年话"之谚),典许加找,典得作绝等。民法学上关于典之性质的争论皆因此而生。

有人以典主得对典产享有使用收益之利益而谓典权为用益物权。也有人认为,典权之成立多由出典人发动,实以典产

---

1 附录"标准"典契一道:

某里某境某人,有己分官民田一段,该若干亩,坐落某处,载米若干,四至明开在后。为因无银用度,托中引就某宅(或作处),三面商议,实典价银(或作细丝银)若干两正。其银即日交足,其田任从银主掌管召佃收租,言约银无利息,田无租税,至某年为卒,备银照契赎回。如是无银,任听(或作仍听)银主收租,倘未及期取赎,约罚银若干。此系两愿,各无反悔,其粮米约应期理纳银若干,不得留难。今恐无凭,立典契为照。(此契系杨国桢先生就明万历年间刊行之《万书萃宝》和《学海群玉》诸书中典契综录,见杨国桢前引书,页41。)

需要说明的是,明、清两代民间通行的各种契式大同小异,因此,本文屡加引录之明末民间日用杂书中诸"标准"契式应该具有足够的代表性。试比较下面一道乾隆三十七年(1772)安徽歙县之典地契:

十九都二图立典契人方宾秀、揆章,今将化字一千一百二十八号,本家祖坟左手余地,因许宅造殡与地相连,凭亲友通情,出典余地一尺五寸与二十一都二图许名下为业,得受典价九色银二十两整。其银当即收足,其地听凭造殡取用,银不起利,地不起租。以典十二年为期,听将原价取赎。此系两相情愿,并无准折等情。倘有亲房内外人等异说,系身一并承担,不涉典人之事。今恐无凭,立此典契存照。(下略)[《明清徽州社会经济资料丛编》(一)页405。]

为借款之担保手段,因此以典权为担保物权。至第三种看法,既承认典权有用益效能,也同意典权具担保作用,惟认为前者非其主要目的,后者不具纯粹形态,而主张典权系一兼具此双重性质之特种物权。[1] 诸如此类的争论,既表明典之制度的复杂性,也暴露出现代民法制度在将一种异己物(就"民法"原本出于欧洲之历史、文化与社会而言)完全纳入自己体系时的无力。当然这并不意味着借助于现代民法概念来分析"典"这样的习惯法制度既无根据也无益处。事实上,如果我们不急于就典权究为用益物权、担保物权还是特种物权一类争论得出结论,而是考虑各种观点中可视为合理的根据,则此种讨论对于我们了解"典"这样一种古代制度未尝不具有启发性。

出典人收受典价,这是典之关系中一件基本事实,然而其性质究为贷借之款项还是典权之对价,则众说不一。若认其为贷借之款,则典产为举债之担保物无疑,若以之为典权之对价,则典几同于卖。清代律例及民间习惯,不动产转让辄称为典卖,单纯之典既经找贴也可作绝而变成为卖。这些似乎都是视典为卖的佐证。只是事实未必如此简单,典、卖既写成两字,又分为两契,即使其功能相近,其渊源必不同。由典与卖的关系或可以进一步说明典之性质与功用。

《明律集解·户律》"典卖田宅"条云:"以田宅质人,而取

1 参阅郑玉波前引书,页 137—140。这些争论虽然主要是针对已经民法采用的典权制度,但是移用于分析清代典之制度亦无不可,因为现代典权制度保存古制的基本特征。

其财,曰典。以田宅与人,而易其财,曰卖。典可赎,而卖不可赎也。"[1]民谚所谓"典在千年,卖在一朝"、"一卖千休,寸土不留"等,皆以可赎与否为典与卖的根本区别。然而这里的"卖"实际为"绝卖"。卖分活、绝,民间契式已有区分,若是绝卖,契用"杜"、"绝"、"断"等字,通常,契内书有"永无找赎"、"永断葛藤"、"听凭买主永远管业"等语。[2] 活卖则虽用卖契,契内必不言绝卖,且往往有回赎(或定年限或无年限)字样,又有些地方进至使用"活卖文契"。[3] 活卖不但可以回赎,也可以增找(找价),可以经由找价而变成绝卖。从这些方面看,典与卖(活卖)似无区别。有学者认为,活卖与典经济上效用相同,只其法律上形式有异。活卖系附买回条件的买卖,其买回虽称为回赎,

---

1 转引自戴炎辉前引书,页312。

2 附录绝卖契一道:

立卖契人蔡刘氏,今因乏食,母子商议,愿将承祖分下口食,坐落土名蕉头窝田三坵又大路边田二坵,共田种五升正,内载粮米七合二勺,要行出卖,先招后招,无人成交。自请中人,送与刘璋如承买。就日亲领到田,踏看界址分明,回家立契,三面言定,时价足色银九两正。当日银、契两交明白,并无短少、债贷准折等情。其田自卖之后,任从买方另行批佃,过户当差,永远管业。廷献兄弟日后永不得收赎,亦不得借端加增等情。恐口无凭,立卖契为照的。(下略)[乾隆十年(1745)立契。刑科题本,乾隆十一年(1746)十一月十六日阿克敦题。《清代土地占有关系与佃农抗租斗争》(乾隆刑科题本租佃关系史料之二)页349(北京:中华书局,1988)。以下凡引该书简称《史料之二》。]

3 附录活卖契一道:

立卖活契人杨树,同子杨文炳、杨文卓,因钱粮无凑,央到中人曹德仁说合,情愿将业地陆亩,卖与杨洪如名下耕种为业。言定时价银叁两陆钱,其银当日交足,并无短少。钱粮随契过割。恐后无凭,立卖约为照。雍正元年拾贰月初叁日。(下略)[刑科题本,乾隆四十一年(1776)十一月初十日杨景素题。《史料之二》页530。]

不过,更常见的做法是使用普通卖契,惟于契中注明回赎,或写定年限,或只写"钱便回赎"。民间称这种情形为"死契活口"、"死头活尾"、"卖头当尾"、"死契活话"、"死卖活头"等,这种"活卖"习惯在清代民间甚为普遍,且直至民国初年仍然流行。详见《报告录》页216、233、236、295、553、639、706、714等。

但其标的物之所有权移转于买主；相反，典并不移转标的物之所有权。[1] 可惜，这样说的根据并不清楚。

活卖之法起源甚早。据学者考证，"附买回条件买卖"最早见于六朝。[2] 不过，史料缺乏，要详考其发生之原因与发展之线索等，实际甚难。明制，每十年造册登记各户丁口财产，是为大造黄册。每十年中产地交易的推收过割税契皆在大造黄册之年进行。此举虽有利于对户籍与税粮的划一管理，但也造成事实上的土地交易与法律上的产权转移在时间上的脱节，而使已经出卖之田地变为"活业"：卖主于推收之前可以"卖价不敷"要求加找田价，可以"无从办纳钱粮"要求加贴，又或者因为经济情况好转要求赎回。结果是，活卖与绝卖的分离在有明一代更加显著。[3] 这个事例固然不足以说明活卖发生与发展的一般情形，但是作为相关之习惯法制度发展中的一个环节，它显然有助于我们了解活卖的形态和机制。

卖而不绝之现象仅见于不动产（尤其是土地），这种情形首先与农业社会中土地的重要性有关。而在中国，这种重要性同

---

1 戴炎辉前引书，页 312。以推收过户作为"所有权"移转的标志大体可以，只是，民间活卖未必都要求推收过户。杨国桢先生认为，订立活卖契，"地权不必推收过割"，只是卖主无力赎回，找断之时才有此举。详其前引书，页 273。陕西汧县习惯，"暂卖"之业虽立契约，但于约内注明"钱便取赎"字样，名曰"死头活尾"，此等暂卖产业，买主不得提粮，而是每年交与卖主钱粮若干，名曰"干帮钱文"。（《报告录》页 639）。然而也有相反的例子，如上注所引活卖契。事实上，因为种种原因，即使是绝卖，也每每有不过割钱粮的情形，这些都足以表明习惯的多样性。

2 参阅戴炎辉前引书，页 311。

3 详见杨国桢前引书，页 31—32。杨氏关于这一问题的论述可称简明，只是最后"实际发生过的买卖行为便蜕变为一种典当、抵押的关系"一句未尽允当。明代这种现象，是买卖实际成为活卖，既不同于抵押，也有别于典当。

时又包含了经济上、社会上和文化上的复杂因素。毫无疑问,对于一般乡民,土地意味着生计,失去土地则生活无着。但也正如一位生活在19世纪的外国观察家所见,土地,尤其是古代相传的土地的绝卖,虽非绝对禁止,亦很少可能。因为这种土地理论上并非占有者或所有者的个人财产,而是其家庭或宗族的遗产。尽管在生活十分困窘之时,这种土地也可以被出卖以筹钱,但出卖者应尽可能考虑整个家庭的权利,或者由其族人优先购买,或者出典土地保留回赎权。[1] 一个与此相关的更重要的事实是,尽管明清以降民间土地交易极其频繁,但是其性质始终不是商业性的。在绝大多数场合,出卖土地无非是因为无食、乏用、粮钱无着等,而这意味着,出卖土地之行为往往是不情愿的和无可奈何的。在此情形之下,其售卖价格虽较低但是可以赎回的活卖便可能成为一种可选择的买卖式样而与绝卖并行不悖。也许可以这样推测,最早的买卖式样并无活、绝之分,大约一经卖出即无回赎之理。活卖比较晚出,乃早先通行之买卖式样的变体,这种变体既能满足特殊之社会要求,遂得以在或大或小的范围内流行,而在某一历史时期,特定的制度安排(如上述明代之例)等因素也可能促成其发生与传播。

活卖既然具备典之功效,典之制度又如何成为一种发达的交易形式?典与活卖在形态上如此相似,是否表明典即卖?

有学者认为,典对于中国人实具有特殊效用。原因如下:

---

1 《英国皇家亚洲学会中国分会会报》卷二十三,页71—72。转引自李文治前引书,页58。

> 国人重孝而好名，出卖祖产，虽非不孝之尤，但亦败家之兆，不誉孰甚，故不能不力求避免，加以物之于人，原亦可发[生]情感关系，因而永远舍业，情所不甘，倘日后经济情形好转，最好能备价收回。此在抵押或出质，他日固易于收回，但依此方式而筹得之款额，必较出卖为少，不足以应需要，于是遂创出典之制度，以济其穷，盖典为卖之变象(俗称典卖，而称出卖为杜卖或绝卖，以示区别)，其办法，一面不放弃所有权，而保留回赎之机会，一面又能筹足需款(典价常接近卖价)，不负出卖之名，而有出卖之实。如在典权人方面言之，虽无取得所有权之名，而亦有取得所有权之实(典权内容丰富，接近所有权，况尚有异日取得所有权之期待)，诚一举而数得，故各地通行焉。[1]

然而，既保留回赎之机会又能够多筹款额，这种功能活卖已经具有，为什么要在活卖之外另外创立一种制度？“国人重孝好名”之说理论上可以成立，但是仅此一点仍不足以说明创立典之制度的根由。民间典契辄写“银无起利，田不起租”，是其初为借贷担保之性质甚明。因此，一个更加合理的解释是，典在最初完全为一借债担保的制度，典与卖相接近而成典卖一词应当是其长期演变的结果。回赎本就活卖而发生，而出典人

1　郑玉波前引书，页137。

备出原典价以收回典产亦袭用此文字。[1] 土地买卖之中间环节如“找价”及相应之契式，也被借用来表述从典到卖各种中间环节的契约关系。[2] 而有力推动这一进程的，除上面提到的促成活卖形式的各种原因之外，也有明清两代社会经济的变化。人口数量的迅速增长和小农经济商品化的加深，都使得土地转让现象日益频繁和普遍。随着活卖这一特殊交易形式的成熟和流行，典也日益具有其近代形态。虽然在经济效用上，典与活卖几无不同，但是比较起来，典之制度可能更具有吸引力。首先，称“典”而非“卖”，这对于绝不轻易售卖田房的中国人来说并非只有心理上的意义（尽管这一点仍然重要），因为在民间习惯上，典的回赎几乎是没有止期的。其次，国家法倾向于明确区分典与卖，乾隆二十四年（1759）定例：“凡民间活契典当房产，一概免其纳税。其一切卖契，无论是否杜绝，俱令纳税。”可以想见，在这条法例发生作用的地方，人们将乐于采用典这一交易形式。最后，无论活卖是否以地权推收过割为条件，在典当场合无须行此手续乃通例，而这意味着交易双方既可省去程序之繁，又可免受里役需索。也许这就是为什么，与活卖同其效用的典能够在民间交易形式中占据一个极重要的位置。

总结上文，似乎可以说，典与卖有不同的渊源，活卖乃卖之变体，故仍用卖字，且在有些地方保留了“推收过户”这一基本

---

1 戴炎辉前引书，页312。

2 杨国桢前引书，页42。

特征;典原为借债担保之关系,而在特定社会需求下渐变而近于卖,与活卖几无区别。明代刊刻的民间E用杂书如《家礼简仪》,其卖(买)田契式后注明:"如典契,亦仿此式,不用除割。"[1]至清代,典卖合一情形更加普遍。学者注意到,"典与活卖混同,契纸上只有微小的区别,有的在卖契文末写上典字,有的文字与卖契一样,但中人不画押,不加注意,是难以辨认的"[2]。凡此,皆足以证明典日益具有卖的特征。

典与押

以上论典与卖,全由出典人和出卖人方面着眼,这当然是因为,无论典、卖,其关系的成立,率多由出典人与出卖人方面发动,不夸张地说,在典当和活卖制度形成的过程里面,出典与出卖一方的行为总是最积极最活跃的因素。然而这并不意味着典主与买主只是被动的承受者,事实上,他们也参与了这些制度的创立。因为,用比较精确的术语说,他们自始具有"权能",换言之,他们可以对出典人和出卖人发出的"要约"不予理会,而且,典主和买主通常是经济上(如果不总是在政治上)更加有力的一方,他们利用其有利地位施加影响于出典和出卖的一方也是极其自然的。应该说,习惯法上之典卖制度(广义上说任何一种法律)是在不同利益的交互作用中逐渐形成的。

---

1 转见杨国桢前引书,页42。
2 杨国桢前引书,页42。

典既然在效用上接近于卖,其终与卖契混用应该说十分自然。令人惊异的是,在清代民间习惯里面,抵押也常采用卖契,其名称有“死约活签”、“卖头押尾”、“死契活交”、“死头活尾”、“借头卖尾”、“死契活抵”等。单从名目上看,这些契式似乎与活卖无异,察其实际则二者并不相同。活卖乃卖之变体,系对于卖的限制,“死约活签”等则全由举债而发生,其卖契乃具有特别之担保意味。相对于典,卖与抵押似乎处于两端,二者之相对变化,一表现于活卖,一表现于典。这并不是说典之制度源于抵押,事实上,作为担保制度之一种的典,其起源很可能早于抵押,但是,从抵押采用卖契这一现象,我们也许能够更好地把握典之制度演成的线索。

抵押而用卖契,其性质虽一,各地之具体做法容有差异。一种做法是,以房地抵押借款,先立绝卖文契,但特别加用浮签注明限期赎回,否则由执约人管业等语,至期不赎,双方约明找价,揭去浮签,此绝卖契始生效力。这种情形称为“死约活签”。[1] 江苏昆山之“死契活交”习惯与此类同。[2] 另一种做法不用浮签,而于契尾年月日后批明若有拖欠情事任凭借主裁契管业等,如浙江开化、义乌、浦江等地之“死头活尾”及江西南昌之“卖头押尾”习惯。[3] 也有既不加用浮签,也不在契尾另加注明,而是于出立卖契之外,另写借票,票上载明某年清偿字样,

1 《报告录》页232,山东平度县习惯。

2 《报告录》页354。

3 《报告录》页500、980。山西及江西一些地方则兼用浮签与尾注两种办法。《报告录》页308、1011。

逾期无力偿还，抵产即作断绝，名为“死契活抵”。[1] 山西芮城习惯揭借钱债时随立田房卖契，以之粘附于借约之上，这种做法亦属此类。[2] 还有一种叫作“借头卖尾”的习惯，其具体做法是，先立一凭票，将届期应还本利一并写于票内，债务人将不动产契据付与债权人为抵，并写立正式卖契给其人收执，后者则出给债务人一纸批佃字，如至期不能偿还债款，债权人即取消其批佃权。[3] 此外，有些地方流行一种预立卖契之习惯，比如山东沂水、嘉祥、淄川、无棣、禹城、汶上、邱县等地，借贷类多指地作保，约定偿还日期，于借贷时扣算本利，共计若干，由债务人预立典卖契约，契中所载成契年月即为约定偿还之时期，届时债务不能履行，预立之典卖契约即行生效。惟付利欠本或付本欠利可使生效期展延。[4] 此种习惯山西地方称为“隔年卖契”（始借终卖）与“隔年典约”（先押后典），[5] 亦见于江西等地。[6] 根据民国初年的调查，抵押采用卖契的做法至少流行于江西、浙江、安徽、福建、湖北、山东、山西等地。

普通所谓抵押，不过书立借券，指地作保，且多数交付上手契照与债权人。预立典卖文契或竟直接写立卖契，这种做法显然为当事人间的一种特约。而做成此种特约之动因，又显然出

1 《报告录》页501，浙江武康，长兴、余姚等县习惯。
2 《报告录》页857。
3 《报告录》页1076，福建福州习惯。
4 《报告录》页796。
5 《报告录》页814。
6 《报告录》页442、998。

于押权人,即“押权人为加强押权的效力”[1]而为之。山西右玉、荣河等五县习惯,金钱债务,如以不动产为抵押,多不立借据,仅书卖产绝契,同中三面口约,若干年内准本利还清抽回卖契,名为“死契活口”。“查习惯缘起,由于民俗狡诈,债权屡受损失,因时救弊遂出此法。”[2]而在浙江嘉兴地方,不动产押契写作杜绝卖契之习惯据说产生于早先当地一富户重利盘剥的行为,“凡属乡民告贷,必令其出不动产作抵,写立卖契,其后相习成风,视为成例”[3]。

指出习惯法上抵押及典卖制度形成过程中债权人及买主一方的作用并不只是要证明人类贪欲的力量。贷主挟金钱之势力强令借主服从其意志,此种情况自然会经常发生,但是任何制度均不可能长久建立于个人的败德行为之上。换句话说,一种行之有效的习惯法制度,其建立必定要满足社会中某些“合理”要求。而在所谓社会科学研究里面,押权人之行为所以值得重视,也正是因为其中或多或少反映出此种“合理”要求。

依习惯法,借主将田地作抵,届期无力赎回,拖欠利息,债主即可将其田地收管,收租抵利。然而并非在所有情况之下,押权人利益均得保障。湖北一些地方习惯,凡债务人欠债太

---

1 戴炎辉前引书,页320。戴氏将这些特约分为作典约款、流押约款(作绝押)、变卖约款(变卖押)和偿却母利约款(偿却押),均见于本文所举例。戴氏又进一步认为,此类特约“其例甚少”,这一点似乎不全合于事实,而他因此略于此种现象,终是可惜。

2 《报告录》页849。

3 《报告录》页1018。浙江长兴地方之报告亦云:“至该习惯(按指抵契用杜绝割卖字样,另附借条但并不于契内注明)之沿革,无非因贷主挟其金钱之势力以为要求,借主遂屈于金钱势力之下而承诺,遂致相沿成习。”《报告录》页482。

多,请客摊账,有抵押权之债务均与普通债务平均摊派,并无优先权可言,有些地方只有抵押债务之利息未清者得优先受偿,否则仍与普通债务均摊。[1] 所谓“摊账”,大抵相当于现代法上的“破产”,只是,习惯法上的“摊账”并无确定程序,通常由债务人提出请求,债权人到场公摊,至摊账财产之管理与清算,既缺乏公开程序,又无严密的办法,易生流弊。[2] 事实上,债务人借口摊账而图赖情事并不少见。[3] 此外,摊账即摊派、摊还之义,押权人并无优先受偿之请求权。因此,押权人以特约办法加强其押权的效力是很可以理解的。

以上关于押权人的分析也可以用于说明典主的行为。因为典亦如抵押具有债务担保性质,且摊账习俗也同样见于典当关系。[4] 湖北利川县习惯,典主往往将所出典价作成佃本,而且甘居于佃户地位,向业主稍纳稞谷,这是因为习惯法上对于佃本的保护比较主张典价的保护更为有力,有“摊典不摊佃”之

---

1 《报告录》页583。

2 《报告录》页1104、1105、1125—1126、1134及页935、1213—1214,末两条分别为安徽广德县和陕西澄城县调查报告。奇怪的是,《报告录》中有关摊账的报告主要出于湖北。很难相信这只是湖北一省的习惯,事实上,摊账习惯在巴县档案亦有记录(详下注)。我倾向于认为这种情况与各省区调查人员注意和提出的问题有关。此外,因为缺少有力的反证,我暂且采取这样的假定,即认为摊账习惯具有相当之普遍性,并非湖北、四川、安徽和陕西四省所仅有。

3 《清代巴县档案汇编》(乾隆卷)以下简称《巴县档案》收有两则诉状述及“摊账”习惯,其基本特征与《报告录》所记湖北习惯似无不同,皆系卖业难还。只是第一,这两则材料中,摊账所涉均系“当业”,因此是“摊当”;第二,两例皆属借口摊账图赖一类。详页127—128,“乾隆四十九年六月十三日忠里九甲王文玉诉状”;页164—165,“乾隆四十九年三月十七日节里六甲陈添才禀状”。(北京:档案出版社,1991)。

4 其事例见于上引《巴县档案》两案。

说,典主为防止摊还典价之损失,故出此策。[1] 此外,典产系"活业",其回赎期通常无有定限,原业主隔数十年乃至百余年而求赎之例屡见不鲜,这种习惯对现业主来说不可谓为无害,其防患未然的办法,一是于立契时约定逾期不赎即作绝卖,二是直接采用绝卖契,后者比前者更方便,也似乎更流行。由此二例推论之,则一般将典约作成卖契者,从消极的方面说,乃有预防损失和杜绝后患的考虑与功效。换言之,典、押作成卖契一类习惯,"皆从前法律不良有以激成之也"。[2]

学者认为,典之制度为中国所特有。在我看来,典也是习惯法上最复杂难解和最有趣的制度之一。清代习惯法上的典,一方面接近于卖,一方面仍然保有某种担保性质。这当然是长期演变的结果。尽管直到目前为止,我们对于此一变化过程所知甚少,但有一点可以肯定,即对典产生作用的各种因素同样也影响于其他制度如押和卖。事实上,习惯法上的典、卖和押始终是在一种互相影响、牵制进而发生相对变化的关系里面。它们能够互相说明,也能够共同说明其他某些东西。显然,早先较为单纯的典、卖、押等制度不能完全适应变化了的社会要求(这种情形在明、清时代应该非常突出),它们因此而有或快

1 《报告录》页565。

2 湖北全省习惯,典当其里,买卖其表,有所谓"卖头归尾"之典约。报告人谓:"盖吾国从前法律对于一切担保物权原无所谓先受清偿之特别保护,质权人为预防业主日后不能回赎或要求与普通债务作同一之摊还或致兴讼起见,遂令出典人先将质约书作卖约,以留日后防御地步,其实,此种习惯皆从前法律不良有以激成之也。"《报告录》页568。

或慢的变化。这种变化一方面表明了活动于特定历史、文化和社会背景下的人的欲望、需求和利益,因而几乎是不可避免和不可阻挡的;另一方面又是循习惯法的发生途径"自然"产生,因此呈现出混乱、复杂乃至矛盾的样态,殊难索解。应该承认,由于习惯法的多样性、含混性及其发生过程的模糊性,要切实弄清典、卖、押这些习惯法制度之间的关系,说明它们彼此影响的方式和后果,实际上极为困难。本书在这方面所作的尝试不过得出这样一点认识,即这些重要的习惯法制度皆是特定历史、文化及社会情境之下各种利益和要求相互之间长期作用之复杂结果,因此,对它们的考察和说明也应放在此特定脉络和关系中间进行。

找贴

找贴即找补、加找、找价,此种习俗乃民间交易中活卖习惯的一种副产品。

民间不动产交易中的所谓"活业",不论典、卖,皆以预留赎回之可能为前提,而在此情形下面,其典价或(活)卖价必定不抵一次性卖断的价格。因此,一旦原业主到期不欲或不能赎回原业,而要将不动产卖断,即产生活业与绝业之间差价的补足问题。当然,这里所讲的应是最简单的一种情形,事实上,找贴通常并不意味着卖断,找贴的次数亦往往至三、四次而不止。惟找贴之数加原典、卖价不能超过同一产业绝卖的时价,且活业回赎时原业主须将原价和历次找价一并交足。

找贴虽然并不一定导致产业的卖断,但是其次数的增加事实上降低了最后赎回的可能。在此意义上,找贴可以被视为活业变为绝业的中间环节。这一点也反映在因为长期实践而逐渐形成的交易习惯上。例如,江苏各地乡例,产业由活而绝,中间通常要找贴四次以上。如苏州地方乡例乃“问以五契为绝”;宝应地方乡例有契内外断根、重复、杜绝、拔根找绝、抽丰等项;武进地方乡例,找绝至少亦需三契。[1] 这可以说是针对同一标的物的一种连续性交易,其中的每一个环节都通过契约来表现,并且往往有相应的名目。如闽北土地交易中有“卖”、“找”、“增”、“贴”、“洗”、“尽”、“断”等概念,它们“在契约文书中表示地权转移的性质与程度”,且为社会所认许,买卖双方所接受。[2]

由于活卖与绝卖的分离日益普遍,也由于找贴习俗在此过程中逐渐形成,买主为加强交易的确定性,往往在订立卖契的同时写立加找、杜绝等契,如江苏松江地方习惯,买卖双方为完备手续起见,每每活卖、加找、杜绝三契同时成立。[3] 武进县习惯,不动产移转契约以是否立有卖、找、杜三契为活、绝之区别。[4] 阜宁县习惯,买卖不动产必须附立三次杜据始为完全取

1 详见杨国桢前引书,页 241—248。

2 同上,页 273。

3 《报告录》页 341。

4 《报告录》页 356、357。

得。[1] 通过这类习惯,我们可以测知找价一类做法在多大程度上已经成为制度。当然,找价的制度化并不简单意味着交易的确定性,事实上,部分由于习惯法本身不具有完全的确定性,各地因为索找而发生纠葛、争讼乃至斗殴、杀伤情事屡屡有之,以至官府视为大患,必欲禁而绝之。先是在雍正八年(1730),朝廷定例,凡卖产立有绝卖文契者即不准贴赎,若系活业无力回赎,则许凭中公估找贴一次,另立绝卖契纸。嗣后,乾隆十八年(1753)定例又进一步要求分清典契与卖契,并针对此前典卖契载未明之产,分别三十年内、外规定了清理办法。[2]

不能说这些条例对于民间田土交易惯习全无影响,但是此种影响的有限也是显而易见。据学者研究,比如在江苏地方,即使在清政府严禁找贴之后,其原有找贴四次以上的乡例,只在契约文书形式上有所简化,其内容并无变化,即将原来乡例中的全部断杜钱文皆纳入绝卖契内。而且事实上,民间亦不完全遵守一找即绝的条例,活业作绝所用之找断契约仍在两次以上。[3] 又比如在东南沿海的福建,据道光时入闽为官的陈盛韶所见:

乃建阳有找价一契,找断一契。迭找断重迭,找断讫

1 《报告录》页366。

2 参阅《大清律例·户婚·田宅》例文。朝廷定例之后,地方官府也相应地制定规程等,以求其贯彻,参阅杨国桢前引书,页234—235。

3 详见杨国桢前引书,页241—247。浙江情形亦大致如此。同前书,页235。

> 找不休。祖父卖田子孙索找者，谓之鏖找。冬季，此种争讼累累无宁日，至家有死丧停柩索找。[1]

事实上，此种“鏖找”风尚既不限于建阳一地，亦不止于道光一朝。据民国初年的司法调查，政和县有“一典数找”习惯；古田县有“断后尽卖”之例；南干县有“九尽十八借”之谚；平潭县有“一典九尽”之说；惠安习惯，典当之后有洗，洗之后有找，找之后有尽，虽然，若无“杜绝断卖”等语，日后仍多纠葛。[2] 根据同一调查，至民国时期，找贴习惯仍流行于全国。[3]

找贴习惯的发生，首先是因为有活卖一类交易形式存在。就此而言，它不失为一种合理的制度。而它所以引生各种问题，部分是因为习惯法本身不具有足够的严密与明晰性质，部分是因为在当日乡民生活中，土地有着特殊的重要性。这种重要性固然直接表现于乡民之日常生计的层面，但同时也间接反映在诸如“祖遗产业”一类观念里面。浙江平湖县习惯，凡弃产杜绝之户子孙，穷极无聊，欲向得主加价而无理由，有将祖宗牌位用红布包好携往主家，谓之“牌位回门”，得主遇此，不得不酌予金钱，挥之使去。[4] 透过这类习俗，我们或可以感觉到人与土地之间某种模糊而有力的超经济联系。这种联系似乎也或隐

1 陈盛韶前引书，页 59。

2 《报告录》页 504、506、507—508、547、530。关于闽省其他地方的情况，见《报告录》页 524、541、549、551 等。

3 《报告录》页 341、356、357、366、385、498—499、626、645、672、699—700、937、1160 等。

4 《报告录》页 498—499。

或显地支持着前面提到过的另一些习俗和制度:土地交易中上手业主的优先权、“业不出户”的原则、卖地不卖粮、家属同财、借祖宗牌位索要“出屋礼”、上手业主的“上业礼”,等等。尽管现在要令人信服地证明这种联系的存在尚有困难,但是借助于这一假设至少可以帮助我们理解那些颇具中国地方特点的现象:普遍地设立“活业”、祖父卖田子孙索找,以及,即使完全卖断也未能杜绝索找的风习。

会

概括地说,“会”乃民间一种主要与金钱融通有关的临时性互助组织。

“会”之名称繁多,形态各异,这除了因为习惯法本身的地方性,主要应归因于“会”这样一种组织在功能上的多样性。换言之,人们设立不同的“会”乃出于各种具体和不同的目的。以下就据此先简述“会”的类型。

1.为应付家庭丧葬乏费而设之会。由于事实上此种组织多针对老亲而结成,故其名称亦多与孝、老等有关。如山东、山西、安徽、陕西等各地方之长寿会、白礼社、孝帽会、义助社、老亡社、老公会、助葬会、孝子社、老翁会、孝衣会、孝义会、赙老会等。[1] 此等组织有于集会之始公立条规,遇会员有老亲丧葬事

1 《报告录》页786、787、789、808、819、953、1200、1201、1229等。

依原议各纳会费助葬者，如山东历城等县之“长寿会”，[1]亦有事先集资储蓄生息，每逢会员遭有亲丧大故即由会中酌送钱文备用者，如陕西朝邑县之“五二孝义会”。[2] 此外，也有将助葬范围扩大至尊亲之外者，如山东德平、霑化等县之“板社”，其组织办法是由社员月纳社资，储于社中，以所生之息购置棺木，以备社员家属死亡时取用。[3] “板社”之助葬范围既广，所以不像“老人会”将因会员老亲全部死亡而解散，毋宁说，它更接近于一种永续性组织。最后还有一种助葬组织，专为救助贫民无力葬亲者而设，名“储恤会”，其款悉由地方士绅按年或按季捐纳。[4] 这种组织显然具有慈善性质。

2.为预筹子女婚嫁费用而设之会。这种组织与上述“老人会”等采用办法大体相同，其名称有“红礼社”、“红帽会”、“子女会”、“媳妇会”等。[5] 中国古时，葬亲与婚配乃个人—家庭—社会生活中最具重要性之二事，礼仪极隆，花费甚大，以至一般民众不能不预为筹措。因此而设“会”之事应当也相当普遍。又因为此二事在中国人意识中性质相近，两种“会”在组织上亦同，所以在有些地方，也有将之统称为“红白会”者。[6]

3.为看秋而设之会。山东武城、高苑等地有组织“义坡会”

---

1 《报告录》页786。
2 《报告录》页1201。
3 《报告录》页789。
4 《报告录》页789，山东福山、临沂等县习惯。
5 《报告录》页787、808等。
6 《报告录》页787，山东邹平、历城、嘉祥、无棣、霑化等县习惯。

之习惯。每年届秋禾将熟之时,各村按地集资,雇人昼夜看守,直至收获,会始解散。[1] 事实上,这类"会"在整个华北平原均甚普遍,它们在乡村社会生活中的重要意义亦不只限于守望相助这一点。[2]

4.为酬香、过年等而设之会。山东霑化县有所谓"泰山香会",此会每月集资一次,各约三二百文,储放息金,三年为期,期满即以此款为会友赴山酬还香愿之用。[3] 德平县之"坐山会"组织与此相同,惟会款除用以酬香,也作公益之用。至掖县之"香纸会"与莱芜之"当年会",皆以一年为期,会款专为过年香烛、赛神之用。[4] 是种年会在菏泽、曹县等地名为"灶爷会"。[5]

5.为修房设立之会。山东平原县有所谓"房社"。该会之设乃集合十家八家结一小社,每遇社友应修房屋,合力出资,轮流帮工,各以修葺一次为限。[6]

6.专为储蓄设立之会。山东寿张地方有会名"财产社",社员集资,公推社首一人,主持社务,或以社资储放子金,或以之置地收租,均须取得社员同意,至年终分配收益,或俟特种目的达到后再分。[7] 嘉祥县之"积钱社"与此稍异,其多为家族中储蓄办法,即小康之家,兄弟各出资若干,集款贷与他人,其利息

1 《报告录》页796。

2 关于这一点可以参阅杜赞奇前引书,尤其是该书页187—194。

3 《报告录》页790。

4 《报告录》页799。

5 《报告录》页791。

6 《报告录》页799。

7 《报告录》页790。

至多不超过月利三分。[1] 此外，菏泽县习惯，贫民集合力壮者三数十人，公置丧杠一县，专为丧殡之家移送丧梓，即以所得工资存会储蓄，三五年后始行分配。[2]

7.稍具慈善性质之会，如山西闻喜地方之"帮会"。若人有急需，延请交好多人，各按资力帮助，受助之人谓之会首。既帮之后，有无须偿还者，有3年偿还无须利息者。[3]

在以上论列的各种名目的"会"之外，城乡社会还流行所谓"钱会"。从"钱会"发起者的角度看，这种会的性质类似借贷，然而其中关系远较普遍借贷复杂。又由于这种会多非因特定事项而共同成立，纯由需款人单独发动，其中涉及之会资分配（先后与比例）、会首与会员关系、其相互责任等，俱要求有比较明确和细密的规定，因使"钱会"成为上述各种会中组织最严密、形态最发达的一种。以下即专门讨论之。

钱会亦称银会、银钱会、合会。俗谓请会、纠会等，则是从集会方面言之。其大致情形是，需款人为在短期内筹得一定数额款项，邀请亲友若干人组成一会，各出资若干。发起人为会首（会东、会主、会都等），得首会，余为会友（子会、会脚等），依序得会。开会时间或以月计，或以季计，或以年计。至所有会员均得会一次则散会。得会之先后顺序的排定有一定的方法和程序，它们是钱会组织上的关键，因为在会金总数确定的情

1 《报告录》页794。
2 《报告录》页788。
3 《报告录》贝811。

况下，各特定人每次缴纳会费的数额以及他们得会的多少，直接取决于其得会之先后和排定此先后次序的特定办法，钱会的几种主要类型正是建立在此方法和程序之上。

第一种类型的钱会以投标方式决出众会友之得会先后。其具体办法是，第一次开会时各会友出款之数依会金总额平均分配，得会者为会首，以后每次开会，尚未得会者各写认利若干之纸条，折好置于碗内，然后当众打开，以认利最多者为得会者。余人应出会款，除已得会者出全额（相当于首会平均数）外，其他会友即以全额减去得会者所认之利。[1] 东北、山西等地之“拔会”，河南，陕西等地之“画会”，以及江苏之“标会”、福建之“义会”等均属此类。[2]

第二种类型的钱会以骰子摇点决定得会先后，因此称“摇会”、“齐摇会”等。[3] 首会时各会友出款数依会金总额平均分配，这一点“摇点”与“拔会”相同。但是“摇会”既不以认利多少来确定会友每次出资多少，从理论上说，就只能根据利率来决定其数目，这样，会首每次出资为一固定数，已得会者出资亦为一固定数（但二者并不相同，这一点“摇会”与“拔会”异），未

1 详见《报告录》页 762—763、770—772，奉天西安县及省城习惯。

2 《报告录》页 762—763、770—772、776—777、850、1095、1107、1224、1230 等。台湾社会今日最为流行之“标会”，疑即为大陆流传过去之拔会、标会。

3 《报告录》页 763—764、777、787—788、865—866、946、988、1108、1231—1232 等。奉天、吉林、山东、江苏、安徽、江西、湖北、陕西等地习惯。

得会者出资依次递减，每次得会之金总额则可能递增。[1]

第三种类型的钱会既不取投标方式，亦不靠摇点办法，而是由会首与会友事先商定得会顺序，同时依利率及开会周期确定各会友每次应缴钱数，然后登明会簿或做成会书。[2] 江苏柳

---

1 设甲为会首，请乙、丙等 10 人为会友，共 11 人请 100 元之会，计行 10 次，则会友得会先后及每次出资额等有如下表：

次数	一	二	三	四	五	六	七	八	九	十	十一
会首出钱数		10元	10元	10元	10元	10元	10元	10元	10元	10元	10元
会友已得会者人数及出钱数			一人各出13元	二人各出13元	三人各出13元	四人各出13元	五人各出13元	六人各出13元	七人各出13元	八人各出13元	九人各出13元
会友未得会者人数及出钱数	十人各出10元	十人各出9元	九人各出8.556元	八人各出8元	七人各出7.286元	六人各出6.333元	五人各出5元	四人各出3元	三人不出	二人不出	一人不出
会金总数	100元	100元	100元	100元	100元	100元	100元	100元	101元	114元	127元
得会者	会首得	除会首不计外以摇点多者得会	除会首及已得会者不计外以摇点多者得会	同左	同左	同左	同左	同左	同左	同左	归最后未得会者得会，无庸再摇

（据《报告录》页 765 所列图表改制）

2 设会首甲请会友乙、丙等六人，共 7 人组成一 60 元会，预定某年某人得会，或一年或半年行 1 次，其行会之例如下：

次数 各人出钱数	一	二	三	四	五	六	七
甲会首		15元	13元	11元	9元	7元	5元
乙	15元		15元	15元	15元	15元	15元
丙	13元	13元		13元	13元	13元	13元
丁	11元	11元	11元		11元	11元	11元
戊	9元	9元	9元	9元		9元	9元
己	7元	7元	7元	7元	7元		7元
庚	5元	5元	5元	5元	5元	5元	
总数	60元	60元	60元	60元	60元	60元	60元
得会人	甲	乙	丙	丁	戊	己	庚

（据《报告录》页 765 所列图表改制）

江地方称此种会为“挨会”，以其预先排定先后挨序得会而区别于“摇会”和“标会”。[1] 民间以随会人数而定名之“七贤会”、“七星会”、“八仙会”、“十贤会”等，亦多属此类。[2]

除上述组织及相应之名称上的分别之外，钱会还保有诸多地方性差异。类型相同而名称不同只是这种差异的一种表现，地方性差异还表现在一些具体做法方面，如江西南康地方之“四不盖会”，其组织办法即与他种钱会不同。[3] 尽管如此，钱会的某些共同特征仍旧是突出的和值得我们注意的。

首先，如前所述，钱会总是由一特定筹款人单独发动，因此，不但结会规模和会金总额由其确定，会首及头会得主也必定是此人。这些使得请会之人自然地处于一种与众不同的位置。

其次，请会是为了获得急需的款项，因此从会首的角度看，请会是获得贷款的另一种手段，然而，钱会毕竟具有互助性质，会首与会友以及会友与会友之间的关系也与普通借贷关系不同。依前述情形，会首得到的是分期偿还的无息贷款，其他会友则可以依据其得会先后分为两组，较早得会的一组类似有息借款，较晚和最后得会者则近于“零存整取”的储户。这里，居于“储户”位置的会友所得利息并非来自会首，而是出自得会在

1 《报告录》页 865—866。

2 详见《报告录》页 764—765、860—861、856—856、952、1106—1108 等，奉天、江苏、安徽、湖北等地习惯。

3 详见《报告录》页 1014—1015。

先的其他会友。[1] 上面这种关系乃钱会中利益分配上极可注意的一种现象，即哪怕整个安排对全部会友都是公平的，在会首与会友之间，似乎前者仍旧得利较多。

没有理由认为钱会的安排在会首与会友之间有失公平，相反，应当假定其中的利益分配终能够达到平衡，因为一种流行甚广而且是自发性的金钱结会不可能建立在利益失衡的基础上面。要了解这一点，可以注意以下两种现象，这些现象同时也构成钱会的另外几种共通特征。

第一，作为发起人，会首不但负有"组织"之责（联络、约请、设宴议事等），而且在管理方面付出较多。如江苏松江地方之"挨会"，得会先后之序均由首会商请各人先行认之，登明会簿，以后历次会款皆由其向各会户收齐，交与轮收者，且在该轮收者出具之会票上共同具名交出款人收执。[2]

第二，从整体上看，会首与诸会友之间并非简单的债权与债务关系。因为，最初为债权人的会友，一旦得会，即相对于其他未得会之会友成为债务人。因为每隔一段时间就有人得会，每个人与另一人之间的债权债务关系就总是处在相对变化之中。这种变动不居的相对性形成钱会内部利益关系的一种复杂格局。然而，如果有人不能按时交纳会款，依习惯，会首须代为交纳，倘会首亦无力交纳，则出现"散会"局面，这时，未得会

1　这一点由该书页 116 注 1 和注 2 的两份表中看得非常清楚。

2　《报告录》页 865。

者(债权人)并不向其他已得会之会友("相对债务人")求偿,而只向会首主张权利。对于这项普遍习惯可以有三种并不矛盾的解释。首先,以当时法律(无论习惯法还是国家法)的情形而论,将如此复杂的关系予以简化可能是必要的和不得已的。这是比较外在的一种解释。其次,这样的责任与会首在利得方面的优惠地位可能形成某种平衡。换言之,会首的利益与风险是一致的。复次,任何钱会都不只是利益团体,它们同时也是关系团体,会首就处于其中心。在多数情况下,请会者直接向其亲朋好友发出邀约,随会者皆认识和信任会首,但他们彼此却并不一定熟识和相互信任,既然诸会友之间的利益关系是因为对会首的个人信赖而发生,会首自然就承担起担保之责。从另一方而看,请会之人因为债务或经营需要等原因而请求帮助,随会者既是其亲友,其行为未尝不具有友爱互助的意味(考虑一下前面谈到过的"帮会"),这时,即使会首得利较多,那也并不意味着会中的利益分配上的失衡,因为得利较多者同时亏欠了较多的人情。从理论上说,这笔人情债或迟或早将以这样或那样的方式偿还。尽管金钱结会总是有期限的,处于关系网络中的人却不可能只进行一次"交易"。他们实际会以各种方式长期延续其"交易",而从长期(甚至不止一代)的观点看,他们应当互不亏欠。

与前述其他类型的会相比较,钱会明显地少受特定目的约束,其组织也相应地更加细密和复杂,尽管如此,钱会和所有其他类型的会仍然可以被视为一种颇具特点的"地方性"制度。

这种制度除我们所说与金钱融通有关并且是临时性的和互助性的之外,毫无例外地建立在特定社会关系网络上面。这些,又进一步构成“会”的内在逻辑:会中之利益分配不可仅以金钱财物来计算;会员间之权利、义务关系一方面是变化的、相对的,另一方面又是不受此变化影响的、单一的,等等。最后,我们还可以注意到“会”在功能上的多样性和组织上的弹性,我们已经看到,“会”可以服务于一系列不同的目的:储蓄、集资、借贷和社会保险等,它也可以兼具几种功能。“会”的规模可大可小,尽管它所包括的单位通常不超过两位数,但是这种单位却既可以是个人,也可以是家户甚至村社。“会”所包含的形态,从极其简单,到相当复杂,具有很强的适应性。而这使它在满足传统社会生活需要的同时,具有某种潜在的超越性。

中人

关于“中人”一词及其应用范围,可以从两个不同的方面予以界定。首先,根据语言的自然用法,“中人”一词只在买卖、典当、雇佣、租佃、借贷等场合使用。婚姻关系上的中间人称为“媒妁”而非“中人”,即使涉及人身买卖也往往如此。另一方面,古时流通领域内的职业中间人如牙人、地行经纪等也不称中人,后者似乎只限于上述领域中民间的和非职业化的中间人。其次,作为一个分析性概念,“中人”一词在这里专指一种特定社会角色,这种角色既不简单等同于民间契约文书中笼统称之为“中人”的各种人物，也不只限于字面上叫作“中人”者。浙江嘉兴县习惯，凡买卖田地及典当抵押等，契内列有中见、代笔等多人，而列中人之首者名为全中，凡交易之标的物是否确实、有无瑕疵，均惟此全中是问，遇有交涉亦须先向此全中理论。其余中人仅为双方亲友图分中资而列名，并不负何种责任。[1] 而在湘西地方，买卖不动产契约于“凭中”之外，又有“引领”与“见钱”两种人物，“引领”者即最初介绍说合之人，在买卖关系上极为重要，“见钱”则不过是价金交付之证人而已。[2] 这里，“全中”、“引领”一类人即我们要讨论的“中人”。

根据学者研究，在土地买卖、租佃、典当等活动中，以“中人”参与为立契要件的习惯，至迟在明中叶以后即已普遍流行。[3] 事实上，中人在民间经济活动中所起的作用远不止于立契。仅就清代而言，中人在整个社会经济生活中扮演的角色极其重要，而且在习惯法上，他们的活动也已经充分地制度化，以至于我们无法设想一种没有中人的社会、经济秩序。

像其他习惯法上的制度一样，全国各地有关“中人”的习惯（如名称、费用标准等）不完全一样，而且，在不同种类的经济活动中，中人的作用也不尽相同。如果不考虑这些比较次要的差异，则中人的主要功用可以略述如下。

中人最明显的功用，恰如其字面意义所指明的那样，是在

1 《报告录》页 1019。

2 《报告录》页 1166—1167。

3 参阅杨国桢的引书，页 26—27、47、59、69—71 等。

交易双方之间起中介作用，包括寻觅适当的交易伙伴、参与议定价格、监督和证明契、价的两相交付以及在不动产交易中临场踏清界址等。民人立契通常也于契中写明中人的参与，如写请中、托中、凭中、央中、浼凭中证，或只写"三面议定（或言议、收过）价银"，契纸下端的落款则有中证、中保、中见、凭中、见中等。在有些场合，中人将交易双方拉到一起，扮演的是介绍人的角色；在另一些场合，中人只是在双方达成初步合意的情况下才介入，这时，他的作用更多是参与确定细节和监督交易完成。[1] 值得注意的是，亲友甚至兄弟之间的交易也要有中人介入，这表明中人在交易中具有不可取代的作用。

中人既参与交易的全过程，自然具有证人资格，有时，这种证人资格具有特殊的重要性，比如浙江临海县习惯，买卖产业并不即时付清契价，仅交几元名为押契，立契却载明收清字样，画押交付，全凭契中人等作证。[2] 自然，这只是个别的情形。重要的是，中人并不单纯是证人，而是交易双方经济社会关系中的媒介人物，他具有多方面的功能。对交易过程的参与和了解使他有能力实现这些功能。

一般说来，中人总是负有某种"保证"之责。这种保证责任首先表现在人们对于交易可靠性的要求上。福建浦城地方，产

1 在明代流传的土地契式里，"托中"有两种书写格式，若是卖主托中人找来买主，则写"托中引就"云云，若是双方有意，托中人为凭，则写"托得知识人某为中"或"凭中"。详见杨国桢前引书，页 26—27。清代民间契约中通常只写请中、托中、凭中等，似乎很少作上述区分。

2 《报告录》页 1049。

业买卖之居间人称为“言议”与“中见”，如买卖之标的物有重卖及虚伪情事，居间人应负责任。[1] 这与上引浙江地方有关“全中”的习惯正相同。在其他一些场合，中人“保证”之责的内容相应地有所不同。福州商业惯例，雇用伙友有捲逃情事，该伙友入店之介绍人应负赔偿之责。[2] 江西各县习惯，借钱字据多载有“在场人”与“见借人”等名称，前者仅于涉讼时有证明义务，后者则不然。借贷契约之成立多由“见借人”介绍，其性质几与保人相同。若日后债务人因故不肯偿还，债权人往往向“见借人”索偿，反置债务人于不问。[3] 辽宁沈阳之请钱会，会友随会时每有人为之介绍，该介绍人对于会东、会友均负担保之责。[4] 更有甚者，湖北郧县习惯，借贷行为有由中人写立借券者，尽管中人自己收执债务人“揭字”，从法律上看，原债务人之债务已完全移转于中人。[5] 显然，在所有上述情况下，中人与保人并无明显区分。

原则上说，中人和保人是两种不同的角色。不过在一些地方习惯上，这两种角色常常合一，以致民间往往将此二者相提并论，因有“中保”一说。只是，这里不准备讨论保人的责任范围，也不想探究中、保合一的程度和范围，毋宁说，我们是在一种更宽泛的意义上谈论中人的“保证”之责。从这种立场观察，

1 《报告录》页 1085。
2 《报告录》页 1077。
3 《报告录》页 973。
4 《报告录》页 770—771。
5 《报告录》页 1148。

我们就会发现,这种“保证”责任的范围可能极其广泛。

由大量现存民间契约看,直接在契约条款中规定中人责任的情况甚为少见,各种保证责任通常仅由卖主承担。然而事实上,中人承担的责任既不以契约为限,也很少是一次性的。可以说,中人的责任范围没有十分明确的界限,同时又具有某种延续性。

清代民间交易,有相当部分不可能一次完成。活卖和典当有找贴、加典、转典及回赎等问题;借贷须要清偿;租佃与雇佣有一定期间;即使是一项卖断的交易,也可能发生事后的索找诸问题。这些环节都需要中人协助来完成,固不待言。中人事实上对于他所参与的交易负有几乎是无限期的责任,这一点更可以注意。无论何时,因为同一交易产生的各种问题总是要中人参与解决,这在某种意义上可以被看成中人保证责任的延展,从这里产生出中人功能的普泛性,即他不但是介绍人和证人,还可能是保人,在事后发生争执和冲突的场合,他还是调解人和仲裁人。这些,使得中人成为民间经济活动中一种极其重要的角色。

与要求中人保证交易可靠性的习惯相应,还有对中人保证交易正当性的要求。这种要求首先来自国家。国家法上不少关于牙、保、媒人责任的规定,其着眼点主要在于交易之正当性或合法性。比如清律禁止将田宅重复典卖,若有此等情形,“牙保知情者与犯人同罪”[1]。类此规定当然适用于中人,而且事实上,中人的保证之责并不以法律明文规定为限。乾隆朝一起违例回赎远年活卖地亩转卖他人的案子里,官司即以“例不准赎,……辄敢作中写契”等语究问中人。[2] 根据国家法固有的逻辑,包括中人在内的所有当事人和关系人等,均应因其破坏秩序的不当行为受到惩罚。从这样的立场出发,中人在调解纠纷时劝处不当也可能受到惩处。[3] 当然,这也意味着,民间经济活动中中人的各种职能实际也为国家所普遍认可。

有关中人作用的进一步讨论涉及两个相互关联的问题:什么人充当中人和为什么需要中人。芝加哥大学的杜赞奇教授在他对1900—1942年华北农村的研究中把中人分为三种类型。第一种类型的中人是很有面子的保护人;第二种类型的中人往往是交易一方的亲友,同时也为交易另一方所熟识;第三种类型的中人则可能是城居地主的代理人,村中强人或职业经纪人。[4] 从清代民间契约和官方档案中的有关材料看,这样三种类型的中人也存在于清代,尽管其比例和各自的重要性肯定因

1 《大清律例·户婚·田宅》。

2 刑科题本,乾隆四十一年(1776)十一月初十日山东巡抚杨景素题。(《史料之二》)页531。

3 一个恰当的例子见于刑科题本,乾隆十七年八月十七日江宁巡抚庄有恭题。(《史料之二》)页388—389。

4 详见杜赞奇前引书,页168—178。

时因地而有所不同。[1] 值得注意的是,无论哪一种类型的中人,其共同特点是为交易双方所认识和在一定程度上所信任,因为在绝大多数场合,中人本是交易双方社会关系网络中的一分子。这一事实可以帮助我们认识中人制度上最富深意的特征。

社会学家发现,儒家社会理论没有为个体提供一种普遍主义取向的伦理,根据这种理论,人乃“关系的存在”,陌生人作为一个角色范畴很难被置于儒家伦理的任何一“伦”中,结果是,中国人通过建构关系来实现其社会交往,作为一种文化机制的引介方法则得到普遍而有效的运用。[2] 如果接受这个判断,那我们就可以说,中人制度的建立包含了一种极其深刻的文化意蕴,它是这个社会的有机文化逻辑的显现。中人之制运用的普遍性,中人责任的广泛性和延续性,以及,中人制度的重要性等,皆可以从这里部分地得到说明。除此之外,我们还可以由此引申出中人这一角色具有的其他较为隐蔽的功用,如凡事通过中人解决可以缓和矛盾,也可以保全双方面子。事实上,中人既然是交易双方皆予认可的某种“关系”,其存在本身就有助于交易的稳定。最后,由于具有上述种种功用,中人的活动对于习惯法的维系与发展亦具有莫大的意义,关于这一点,我们

---

1 通过阅读有关资料似乎很容易得到这样的印象,即清代民间交易经由亲友、邻人等介绍作中的最多,这一现象的重要性在于,无论社全结构发生了怎样的变化,民间经济关系的建构均可以维持在某种一般水平上面。上引杜赞奇的研究也证实了这一点。见上引书,页 177。

2 参阅金耀基:《儒家学说中的个体和群体》,载其《中国社会与文化》(香港:牛津大学出版社,1992)。

在下面适当的地方再作讨论。

习惯法与国家法

以上关于习惯法的讨论，基本上限制在民间自生的社会秩序范围内。这样做主要是为了讨论的集中和方便，而不意味着我们相信习惯法主题可以在此一范围内得到充分说明。事实上，作为一种知识传统，习惯法属于人类学家所说的“小传统”，而与出自一般所谓“精英文化”的“大传统”相对应。恰如 R. Redfield 所指出，农民社区的文化不是自足的，不可能由其自身得到说明。对乡民社会的研究应当置于“大传统”和“小传统”的相互关系中进行，其问题包括：“大传统”和“小传统”各受什么样的原则支配？其相互作用采取何种方式？分别导致怎样的结果？谁人且以何种方式来联结两种不同的传统？其联结点在哪里？等等。[1] 下面关于习惯法与国家法的讨论将借助于这一分析框架，并围绕上述问题展开。

---

1 参阅 Robert Redfield，“The Social Organization of Tradition”，in *Peasant Society*：*A Reader*. ed.，by Jack N. Potter.（Boston，1967）。这里所列举的问题，是结合本文主题在 R. Redfield 文章基础上引申而成。

习惯法是这样一种知识传统：它生自民间，出于习惯，乃由乡民长时期生活、劳作、交往和利益冲突中显现，因而具有自发性和丰富的地方色彩。由于这套知识主要是一种实用之物，所以在很大程度上为实用理性所支配。习惯法的这些特征明显地不同于国家法。广义地说，国家法并不只是律典，而且也不尽是立法的产物，它也包括国家各级有关机构订立之规则、发布之告示和通过之判决。这种意义上的国家法可以被看成一种受到自觉维护的和更具统一性的精英知识传统。它有很强的符号意味，并且表现出相当显著的文化选择色彩。关于习惯法，我们讨论较多、较详，因此，下面的讨论可以暂时转向国家法。

一览古代法典和司法制度，很容易获得一种鲜明印象，即法律为道德目的而设，同时贯穿了行政统制原则。乾隆五年（1740）"御制《大清律例序》"述其修律目的云：

> 朕寅绍丕基，恭承德意，深念因时之义，期以建中于民。……揆诸天理，准诸人情，一本于至公而归于至当。……五刑五用，以彰天讨而严天威。予一人恭天成命，监成宪以布于下，民敢有弗钦。

这是一套古老的哲学，为历代统治者自觉地申明、信奉和实行，因为它是国家合法性的渊源，法律的基础。根据这套哲学，天子有责任治理民众，推行教化，实施法律，进而维持一种深具道德意味的宇宙秩序。这种立场直接影响到国家法的内容、性质和格局。研究《大清律例》的学者发现,律典直接按照中央各部名称分类,而其律文与其说是针对所有臣民的一般规定,不如说是对官吏的指示。在通常被西方学者译为"民事法"的"户律"里面,与现代民法有关的事项多半是因为与户部的主要职能——税收有关才被排列在一起。此外,律典中有关继承或土地交易的法律规定甚少,而且完全没有系统性。[1] 正是这种情形造成了本文开篇就提到的习惯法与国家法之间内容上的"分工"格局。

消极地说,"分工"意味着国家对于民间各种交易习惯一定程度的放任,以及它鼓励民间调处的政策。而从积极的方面看,"分工"意味着习惯法与国家法在实施社会控制过程中的互相配合。毫无疑问,主要建立在习惯法基础上的乡村社会—经济秩序同时也是国家统治的基础。以土地契约为例。清代,民间土地交易空前频繁,土地契约数量庞大,对此,国家主要通过规定税契以及钱粮推收过户的登记和注册手续等予以控制。为此而颁行和使用的官文书如契尾、税票、推单、执业单等,与民间土地契约相配合,"构成土地管理制度和赋役制度的基础资料,由此而层层编造出数量甚巨的鱼鳞册和黄册来"[2]。土地契约同时也是民人产业的主要证明文件。所谓"有契斯有业,

1 详见威廉·琼斯前引文。
2 杨国桢前引书,页83。

失契即失业”[1],即表明官府在解决地权争执中对于民间私约的倚重。事实上,民间纠纷凡涉及私约者,官府总要“调契查验”,以为判断依据。

习惯法与国家法之间的“配合”还有更深一层,即二者在长期演进和互动过程中彼此渗透。一方面,国家法上许多概念如典卖、当、押、永佃、业、找贴、回赎、典雇等,辄与民间习惯有或深或浅的联系(这种联系当然不是始于清代),国家法的某些制度如雍正八年(1730)关于“找贴”所定之例其实是对已经流行的民间交易习惯的改造,而在很多情况下,地方官对民间纠纷的解决更直接、间接地建立在当地习惯的基础上。另一方面,民间立契习惯明显受到国家法影响,有些契约则径直写明“于条无碍”、“谨遵宪例”等语。习惯法的某些制度如“永佃”因为得到国家法承认和保护而迅速发展;民间交易中的“凭中”习惯和在习惯法上有重要作用的民间调处制度等,也无不受国家法或大或小的影响。这些皆构成习惯法与国家法关系中整合的一面:它们通过分工与合作,形成更大社会范围内一种相对完整的秩序。

然而,习惯法与国家法既然是两种不同的知识传统,分别受不同原则支配,则其“分工”必不尽意味着合作。研究中国婚姻制度的学者发现,历史上“礼律繁文苛禁,往往与俗悬殊,且

---

1 《治浙成规》卷一。转见杨国桢前引书,页 249。

有适相反者”[1]。此种情形其实并不限于婚姻领域。继承方面之“异姓承宗”、“兼祧重娶”,土地制度上的“一田两主”和重复找贴以及钱债方面的“违禁取利”等,皆是习惯法与国家法相悖的著例。从总体上看,清廷在上述领域里贯彻法律的努力收效甚微。考虑到当时社会的结构以及习惯法与国家法之间久已形成的“分工”,这种情形不足为怪,值得注意的毋宁是另外一些问题:清廷对民间的自生秩序抱一种怎样的态度?它在多大程度上以及为了什么缘故关注此一秩序?它承认我们所谓习惯法是法律吗?它以何种方式把国家法与民间习惯联结起来?要回答这些问题就需要考察在大、小传统之间起联结作用的人物和制度。仅就习惯法与国家法的关系而言,最值得注意的人物恐怕是负有亲民之责的地方官。因为职责所在,他们直接处在国家法与习惯法之间。他们对民间词讼案件的处理,他们对民间习惯抱持的态度和采取的措施,本身即可被视为国家法对习惯法的一种反应。不仅如此,作为受过正统教育的知识精英,他们又是意识形态的维护者和理论的创造者,这种特殊身份在习惯法与国家法的联结中也具有重要意义。

大抵恪尽职守的地方官,辄自觉主张了解地方土俗人情的重要。清代名幕汪辉祖认为,“官之所难为者,莫患于上下暌隔”。所以他建议,新官初到务要“体问风俗”,如此理事方可

1 陈鹏前引书,页1。

“情法兼到”。[1] 汪氏所谓“风俗”，显然包括本文意义上的习惯法。清代另一著名地方官陈宏谋曾将“民情土俗”列为30项，要求属下遍访悉知。这30个项目包括田赋、地丁、粮米、田功、粮价、垦殖、物产、仓储、社谷、生计、钱法、杂税、食盐、街市、桥路、河海、城垣、官署、防兵、坛庙、文风、民俗、乡约、氏族、命盗、词讼、军流、匪类、邪教，[2] 其范围更远较我们所谓习惯法为宽泛。只是，“民情土俗”所以受到关注，完全是因为它们与地方官履行其职责有关。换言之，地方官对于民风民俗的兴趣，并不超出其推行教化、维护秩序的责任之外。关于这一点，地方官有很自觉的意识。上引陈氏谕令开篇即云：

> 因俗立教，随地制宜，去其太甚，防于未然，则皆官斯土者所有事也。苟非情形利弊，熟悉于心胸，焉能整饬兴除，有裨于士庶？[3]

因为有这样一种强烈意识和自觉立场，国家法与习惯法之间的关系就现出某种简单的逻辑。

从清代民间契约和官府档案看，地方官判案兼顾和认许地方习惯之例甚多，然而这绝不意味着，民间任何一种“规”、“例”

---

1 汪辉祖：《学治臆说》，载《清经世文编》卷二十二。（北京：中华书局，1991年影印本）。

2 陈宏谋：《咨询民情土俗谕》，载《清经世文编》卷二十。

3 同上。《问俗录》的作者陈盛韶亦云：“夫惟知之明，然后处之当。邑令于民间风俗不能周知，势必动辄乖违，又何能兴利除弊耶？”

对地方官可能具有法的性质和意义。[1] 从文化内部的观点看,法只有一种,那就是国家法。我们所谓习惯法不过是"民情土俗"的一部分,其当存当废,端视其美恶而定。在乾隆朝一批有关土地债务的刑部档案里,我们看到官司以一种漠视的态度对待各种"乡俗"。在一桩田地争赎案中,官司对"典契也就算作卖契"的乡俗完全不加理会,径直照契判决(即以典论)。[2] 在一些因为讨要"脱业钱"、"画字钱"、"喜礼银"等而致纷争的案件里,官司对此种极为流行的民间惯习持同样态度,即以其"系俗例",已给则"免其着追",未给则"无庸追给"。[3] 而在安徽的一件案子里,官司以此"乡间俗例"既酿成人命而要求"严行禁

1 Mark A.Allee 认为,当法院要适用一项习惯时,该习惯即成为法。("Code, Culture, and Custom: Foundations of Civil Case Verdicts in a Nineteenth—Century County Court",载 K. Bernhardt and P.C.C.Huang 前引书)这种说法固然可以成立,但还远不能使我们感到满意。首先,这只是一种"外在"的观点,它并未揭示这一重要事实,即对官司来说,单纯的民间习惯完全不具有法的拘束力,因为它们根本不是"法",不具有法的性质和意义。其次,官司对习惯的认许固然有其重要性,但是我们更想了解的却是事情的性质和过程:这是一种什么样的习惯?它与先前之国家法的原则是一致的、相反的还是不相干的?习惯的被认许到底因为什么而发生?它对于官司连续性的法律活动有何影响,对于已经存在的民间秩序又有什么意义?等等。此外,这里可以顺便提出,在同一篇文章的末尾,Allee 根据其对台湾淡新地方档案中 77 宗案件的研究得出结论说,由于刑事技术的应用产生不可接受之僵硬和不公的结果,得到认可的和独特的"民"法和"民事"程序于晚期帝国遂不可避免地获得发展。这种解释显然很"西方化",事实是,所谓独特的"民法"和"民事"程序起源甚早,导致这种"划分"的根据应当在中国文化的内部去寻找。关于这一问题可以参阅梁治平:《寻求自然秩序中的和谐:中国传统法律文化研究》,尤其是其中第 9 章。

2 刑科题本,乾隆十四年(1749)十二月初五日刑部尚书阿克敦题。(《史料之二》)页 230—233。

3 此类事例甚多,详见《史料之二》所载刑科题本,编号 117、123、130、152、161、186、191、192 等。

上，以杜争端”。[1] 从同一种关切出发，有些地方习惯则直接被视为“恶习”、“锢弊”而遭到禁止，如民间流行的“一田两主”习惯。客观地说，田面与田底的分离使得田底权萎缩，从而使地主利益很容易受到侵蚀，但在官府看来，最严重的事情乃在于国家税粮因此而大受影响。[2] 正好比前面提到过的法律对索找和远年求赎一类民间习惯的禁限一样，国家在这里所关心的，并非这些习惯的内在机理，而是赋役征收、地方安靖等事，[3] 换言之，在很大程度上支配了民间社会与经济生活的各种“俗例”，不是被从其内部予以注意、观察和探究，而主要被从外部加以统摄。结果，一个必令现代法律家产生浓厚兴趣的法的重要领域，在中国古代知识传统（此处专指学术、理论与思想）中便无由产生。在汇集了清代众多官吏、学者（注意，此二者经常是合一的）有关政治、经济、法律、学术等方面论说的《皇朝经世文编》里面，没有我们所谓的法学论文，尽管包括“习惯法”在内的法律问题一再被涉及。在与律典的“户律”相对应的“户政”标题下（该书体例与律典基本相同），依次排列的篇目为理财、养民、赋役、屯垦、八旗生计、农政、仓储、荒政、漕运、盐课、榷酤、钱币。这样的知识传统不会产生“民法学”。由于这种“欠

---

1 刑科题本，乾隆二十三年（1758）九月二十八日安徽巡抚高晋题。（《史料之二》）页432。

2 有关这一问题较详细的讨论，参阅仁井田陞前引文；杨国桢前引书，页113—122、287—289；《报告录》页419—428。

3 仁井田陞在其关于“一田两主”习惯的研究中谈到所谓“官吏意识”，他说：“在官吏意识中无论如何也发现不了近代化意识的构思。如果与征课无关，就不愿意与习惯秩序多打交道，这是历来政府或官吏的一般态度。”（见其前引文，页42 ）。

缺”,国家在处理我们所谓“民事关系”问题时就只能采取简单化的办法。律典上的安排已经表明了这种情形,官司的裁判也是如此。下面的事例取自巴县档案。

乾隆三十九年(1774),陕西华州武全德、康有增共同出资若干,交与李全盛做生意,后李全盛生意做坏逃走,本钱未偿。乾隆五十三年(1788),李全盛在四川巴县请姚治珍出图章代赊棉花,欠方豫泰、吴行义银1200余两。李全盛再次逃逸,债主告状求索,不但指名姚治珍,而且将其远在成都的东家赵公佐牵告在内。县衙限两年找李全盛到案对质偿债。姚姓寻李全盛不到,却将当年出资的武、康二人押回。此后又过三年,姚治珍已瘐毙,县主亦易人。此案经复审,有如下判决:

> 昔日支骗棉花乃李全盛因借用兴盛图章。全盛逃债,以致方豫太、吴行义指定姚兴盛(按即姚治珍)索讨,株累赵公佐。前经讯明有判。原令赵公佐、姚兴盛找回李全盛还账。如逾限两年,全盛不来,账归赵姚二姓赔缴。不料兴盛回陕,找不着李全盛,乃以全盛出本之财东康有增、武全德解渝,拖累二载。姚治珍已押毙。赵公佐旅食维艰,若再扣押,是实骗债者李全盛置身远扬,而拖累死者又有三人矣。堂断债银既有全盛,理宜备文赴陕原籍查拿。康与武着带文回去安业,赵公佐具结回省,各寻生理。俟李

全盛获日,再来对质,该房具详。[1]

此案牵涉四方七人,关系相当复杂,然而,县正堂的判决却极简单且甚可推敲。首先,同一案件,前后判决不同。第一次判决限两年内找到李全盛,否则由"赵姚二姓赔缴"。第二次判决时姚姓已死,但"债务"既未"消灭",也未"转移",赵姓却被免责,仅负有将来对质之"义务"。结果,不但姚、赵二人的责任不清楚,他们与李全盛的"法律"关系以及李某在本案中应负何种责任也变得模糊起来。其次,即使认定姚姓为本案债务人,赵姓责任仍不清楚。我们想要了解的是,究竟在什么情况下"东家"应为其"伙计"的行为负责和负何种责任。再次,"出图章"之事应当视为"作保"还是"债务转移",这些情况在习惯法上当有区别,在我们也认为十分重要,但是官司并未注意及此,那么,其以李全盛为本案关键人,根据何在?最后,陕西之康、武二人同为李全盛之"债权人",然此二人既未告状求偿,与本案是何关系,若无关,根据什么将其押解到案、羁押数年?官司没有用诸如代理、合伙、担保、责任、侵权、诈欺一类概念来说明这些关系原不足为怪,但是它们对于此类关系根本不予关注和说明的做法却意味深长。事实是,无论律典还是谕令、告示、省

1 《巴县档案》页268—269,"乾隆五十九年李全盛拐骗方豫泰行棉花案"。

例,都没有为地方官处理这类复杂关系提供相应的指导。[1] 不仅如此,对于选任官吏具有重要意义的一整套古典的"知识",

---

1 一个与此有关的问题是,地方官在处理民间词讼时实际上依据什么。在最近发表的一项研究中,黄宗智教授强调律典的重要性。他认为,与以往的看法相反,清代民间词讼的处断(civil system)是依据法典而非官吏的智虑和专断的刑罚来进行的。详见 Philip C.C.Huang,"Codified Law and Magisterial Adjudication in the Qing",载 K.Bernhardt and P.C.C.Huang 前引书。由于这一研究直接建立在对地方官府档案(巴县、宝坻和淡新)的实证分析之上,因此有助于我们重新审视以往的印象式结论。在这方面,黄氏以及上引 Allee(详本书页 134 注 1)等人的研究无疑是一个很好的开端。这里要指出的是:黄氏特别强调法典(code)的支配和指导意义可能产生下面几个问题。第一,地方官引为依据的只是"法典"吗? 就其依法断案而言,国家法也许是更恰当的概念。我们有确凿和充分的证据,表明宋代地方官在其判决中就时常援引法条,且不以"刑统"为限。(参阅《名公书判清明集》〈北京:中华书局,1987〉,尤其是卷之四至卷之九各篇)换言之,在决断民间词讼时以国家法为依据乃一种起源甚早的传统。第二,黄氏举出以为地方官适用法典的例子几乎尽是"原则"而非法条,因为判决很少严格依据明白的法条,但却合乎"未曾明白宣示"的原则:法律保护合法产业不受侵犯(页 146);法律维护地主之收租权,保证佃户履行其义务(页 147—148);法律维护典卖之合法协议,惩罚毁约行为(页 149),等等。且不论这里对"原则"的表述是否恰当,我们至少可以肯定,这类"原则"并非清代法典所独有,它们是私有制度的一般原则,因此不但为唐、宋法典所承认,而且也是包括士大夫意识形态在内之社会公平意识的一部分,它们同时还是习惯法上的"原则"。在此情形之下,强调判案以"法典"为根据到底具有什么意义呢? 与此有关的一个问题是,第三,黄氏由强调法典的指导和约束作用而认为法官的判决不像以往认为的那样是不易捉摸的,而是"可预见"的。但是如果这里所谓"法典"不过是一系列"不曾明言"的原则,这些原则又是全社会共享的公道意识和习惯法建立于其上的基础,那么,判决的"可预见"性就不一定主要与"法典"相联系,而是有某种远较其广泛的基础。问题在于,道德意识诸因素不一定就意味着随意性,掺入道德因素的解决办法也未必是法律之外的途径。中国古代法的特殊之点恰在于不能将法律与道德分开来考虑。在此传统之下,所谓道德的解决办法可能完全合乎立法的原则和精神,而且同样不是不可捉摸的。(参阅梁治平:《寻求自然秩序中的和谐:中国传统法律文化研究》,尤其第十一章)反过来,即使断罪援引明确的律、例、成案等,也不一定能够保证所谓"可预见"性。(参阅郑秦:《清代司法审判制度研究》页 156—163,长沙:湖南教育出版社,1988)这些事实表明,将法典与道德、可预见性与随意性等作简单的联系和划分,实际反映出一种西方化的和现代的立场。最后,尽管黄氏搜集作研究样本的案例达 628 件之多,但其中只有 221 件(三分之一强)进行到终了而有最后的判决,这里面又有 11 件系依"法外原则"解决。这种情形本身就有助于我们了解"法典"在指导地方官审理词讼案件方面所起的作用。事实上,正如我们所见,与主要建立在习惯法基础上的民间经济活动的丰富多样性相比较,律典乃至整个国家法上的规定实在是过于简陋了(其中有极深厚的文化和社会的原因),以至于人们想建立起一个对应的法律体系,只能在个别条文的下面去发掘隐含的"原则"。

其中也不包含对这类关系的说明性学理。要有效地处理问题，就必须简化案情：将“有关”人等押解到案，待寻出骗债之人，对质明白，追债治罪。这种简单化的办法不但与上述立法、司法和学理方面的情形相适应，而且与当时国家的财政能力相适应，与国家统治的基本立场相一致。

寻常词讼如此，在因“民事”纠葛致酿人命的场合，官司判决更体现简单化特点。在一桩因收租而致纷争的案件中，徐姓卖田与余姓，契内载明回赎，田仍徐姓耕种偿租。后来，余姓将部分田亩转卖祝姓。徐姓屡向余姓取赎，不允。祝姓则每年在徐姓田内收割租谷。乾隆十一年（1746），徐姓将田若干自行收回，祝姓则前往理论讨租，因此发生争殴，致死人命。官司对此案的判决，除照例惩治凶手和转卖他人田产而不肯放赎的余姓之外，更将祝姓以“争租起衅，酿成人命”罪名治罪，其买受田地亦着令退还。[1] 这里，祝姓是否享有某种“权利”（比如，他是否有权“争租”，此点涉及买卖的有效性，亦涉及成就此有效性的各种条件如合法、善意、时效等）这一问题并未受到重视和在法律上加以论证，官司所注意的主要是其行为客观上有“起衅”的作用。由同样的立场出发，官府甚至主动干预和改变民人私约。某案，雷姓家族出卖田房，其中，房产、地基分属兄弟二人，契内写明“浮房”，即不包括地基在内。后因地基业主误以为卖主将其地基一并卖出，致生争执，酿成人命。官司判决在将争

1　刑科题本，乾隆十二年（1747）八月初三日浙江巡抚常安题。（《史料之二》）页353—355。

殴各方一一发落之后，着令原房产买主依时价再出银若干，将属于雷姓家族中另一人所有的地基一同买下，“载明契内，以杜争端”[1]。史料表明，杜绝争端、永断葛滕，这就是官司在命案中附带处断民间田土钱债纠纷时遵循的基本原则。

表明国家辄以简单手段处理“民事纠纷”的另一个事例是“不应为”律的广泛应用。《大清律例·刑律·杂犯》：“凡不应得为而为之者，笞四十。事理重者，杖八十。”其律下小注云：“律无罪名，所犯事有轻重，各量情而坐之。”这条概括性律文在律典中的位置并不突出，但其运用却极广泛。某些关于典买田宅的法例规定适用“不应重律”，[2]而在涉及命案中“民事纠纷”裁断时，几乎无案不引这一律文。从官司特定之立场看，所有行为皆可依其性质分成应为与不应为两类。在田土钱债等领域，区分二者的主要标准是看它们是否容易“肇事”、“起衅”。广义上说，律例所禁止的行为皆属不应为者，而就“不应为”律言，它要处罚的只是那些因其琐细而为律典不屑也不能一一予以规范的行为。由于并非偶然的原因，现代民法规定之事项大多可以归于这一类。因此，讨债、追租、负欠拖延、分家不公、劝解不力、强赎绝产、自力救济、冒昧作保以及某种场合下的从中说合等，都可以受“不应为”律处罚。[3] “不应为”律的适用范围

---

1 刑科题本，乾隆二十一年（1757）七月十七日安徽巡抚高晋题。（《史料之二》）页405—408。

2 比如《大清律例·户律·田宅》关于告找、回赎的雍正八年（1730）定例和乾隆十八年（1753）定例。

3 详见《清代地租剥削形态》（乾隆刑科题本租佃关系史料之一）（北京：中华书局，1982。以下简称《史料之一》）和《史料之二》所收各案，不赘引。

如此之广,足以弥补传统律典在“民事行为”规定方面的遗漏。

由上面的讨论可以发现,尽管习惯法与国家法有互相配合的一面,尽管习惯法秩序即使就国家实现其职能而言也具有不可或缺的意义,以及尽管国家官吏辄以这种或那种方式对民间的自生秩序作出应对,至少从某种意义上说,习惯法与国家法这两种不同的知识传统之间缺少一种内在和有机的联结。其表现于知识传统,是缺乏一种关于习惯法的说明性学理;表现于社会方面,是缺少一个从事于这种探究和说明工作的群体。在此基础之上形成的习惯法与国家法之间的“分工”,实具有“断裂”性质。这一点也许是此二者关系中最可注意之处。

再论习惯与习惯法

前文曾就“俗例”区分为习惯与习惯法，目的在于从技术上限定本书讨论的范围，这里重新区分习惯与习惯法，则是要从学理上说明据以区分此二者的标准或尺度。换句话说，本章想要回答的乃这样一个问题：我们根据什么判定某些东西只是习惯，而另一些东西却是习惯法，或者，在什么情况下，习惯仍然是习惯，在什么情况下，习惯具有法的性质。显然，这些问题都与另一个问题有关，即什么是法。

有助于我们说明习惯法的分析性概念主要来自社会学和人类学。按照某种简单乃至片面的划分，可以说前者拓宽了传统的法的概念，后者吸收了不同社会和文化的经验，由此提炼出的法的概念，向我们展示了一个更广大、更真实也更丰富的法律世界，因而具有更大的说服力。尽管如此，完全现成的适合于用来说明清代习惯法的概念并不存在。我们将要检视的那些最具有启发价值的法的概念，并非直接由对清代习惯法的研究中得出;它们所由出的那些社会与文化,与我们现在所面对的颇不相同。因此,下面将要做的,与其说是一系列现成概念的选择和适用,不如说是对它们的甄别与印证,是在概念与经验之间往复运动,其结果应当是对相关概念的限定、损益和创造性重述。

许多年以前,E.Ehrlich 就明白提倡对所谓活法(living law)的研究。在他看来,国家制定的法律即所谓"法条"(legal provision)不过是法的一种较为晚出的变体,大量的法(the great mass of law)直接产生于社会,见于各种社会制度。Ehrlich 用"社会秩序"(social order)这一概念来指称那些自发形成的社会制度统一体,并以之与"法条"相区分。他说:

> 有关婚姻与家庭的法条以婚姻和家庭的存在为前提;构成占有法的那些法律规定在产生占有制度以前不大可能得到发展;关于契约的法律规定在相应的协议作成之前也不大可能出现;而在第一批有关财产继承的法律规定写成之时,人们继承财产的历史已经有几百年之久。[1]

---

1 Eugen Ehrlich,"The Sociology of Law", in *Harvard Law Review* Vol. xxxvl. 1922, No.2, p. 139. Vinogradoff 也有类似的说法:"无论继承财产还是占有、契约,都非始自直接立法或直接的冲突。继承植根于家户管理人死时有关家户之必要安排,财产始于领有,占有可以归于实际的握有,契约的起源则可以回溯到以物易物的习惯。" P. Vinogradoff. *Outlines of Historical Jurisprudence*. pp.368—369.(London, 1920),转引自 van der Sprenkel 前引书,页 127。此外,Ehrlich 还把法律规范进一步区分为行为规范与判决规范,前者主要指和平秩序中日用平常的活生生的法律,后者则主要是法官作出判决时所依据的法律。参见林端前引书,页 81。这种分法也有助于我们认识习惯法及古代中国的法律多元现象。

这种区分对于人们摆脱狭隘之法律观念大有裨益。循此途径,人们将发现一个从来就存在的更广大、更真实的法律世界。在古代中国,本书意义上的习惯法是此广大、真实法律世界中重要的一部分。透过习惯法与国家法之间相互补充、依存和影响的关系,我们也可以更好地了解 Ehrlich 对“社会秩序”和“法条”所作的区分及其意义。当然,应该承认,只注意到“社会秩序”的存在和重要性是不够的,我们还需要了解,在此“社会秩序”之中哪些可以被视为法,哪些不是法律。因为,并非所有的社会制度都可以被恰当地称之为法。

法律人类学研究中曾经流行过一种观点,即认为初民社会中法与习惯实为一事,人们自动遵行法、习惯,无须强制,因此没有法律权威,也无所谓司法过程。这种看法后来受到激烈批评。[1] 因为只有削足适履地套用西方的法概念,才会无视初民社会中法的存在。当然,如果对法的概念没有恰当界说,任其外延扩大,也可能将法与习惯混为一谈。P.Bohannan 认为,法律与习惯皆可表现为规则(rule),而法律较习惯多出者无非是 Kantorowicz 所谓“可受审理”(justiciable),即规则须以法院(或类似机构)可以操作(deal with)的方式予以陈述。用 Bohannan 自己的话说,法律规则必须能被再解释——由社会之法律设施

---

1 参阅 Leopold Pospisil. *Anthropology of Law*.pp.11—18.(Harper & Row Publishers,1971);霍贝尔前引书,页 18 以下。

再解释,如此,则非法律制度内的冲突即可由外部权威来判定。比如,法律权利主要出自非法律制度之习惯,然而要使法律制度实现其职能,就须对之彻底重述(overtly restated)。这即Bohannan所谓的“双重制度化”(double institutionalization)。他说:

> 法……在法律制度之内被重新制度化,以使社会能够依靠受到如此维护的规则继续井然有序地发挥作用。一句话,习惯以互惠(reciprocity)为基础,法律却建立在此双重制度化的基础之上。[1]

“双重制度化”的提法颇有启发性,它一方面承认法与习惯之间的密切关联,另一方面又强调习惯并非即法律,也不可能自动成为法律。上升为法的习惯须要经由某个中介环节,这个环节在Kantorowicz即法院,在Bohannan则是“法律设施”。这使我们想到Holmes大法官的那句名言:“关于法院事实上要做什么的预言……即我所谓法律。”[2]但是,初民社会也有法院吗?霍贝尔认为有,虽然这些社会中的法院有时不够确定和难以辨识。在比较极端的场合,霍贝尔甚至认为法庭可以只是“公众

---

1 Paul Bohannan. “Law and Legal Institutions”, in *The Sociology of Law*. p.7. (ed., by William M.Evan, The Free Press, 1980).

2 Holmes, “The Path of the Law”. in The *Mind and Faith of Justice Holmes*. p.75, (ed., by Max Lerner. New York, 1943).

舆论的制裁”场所。[1] 尽管如此，霍贝尔并不认为法院乃识别原始法的恰当标准。他提出的法的要素乃强制力、官方权威和常规性。他的法的定义则是：

> 法是这样一种社会规范，当它被忽视或违犯时，享有社会公认的特许权的个人或团体，通常会对违犯者威胁使用或事实上使用人身的强制。[2]

强制力与合法权威一类要素也为其他许多社会学家和人类学家所重视，但是，强制力并非总是与“人身”相联系。Max Weber 写道：

> 如果一种秩序能够通过一群专职人员（a staff of people）运用身体上或心理上的强制以确保服从和惩治异行而从外部得到维护，这样一种秩序即可被称为……法律。[3]

L.Pospisil 则认为，法是：

---

1 霍贝尔前引书，页 23—27。

2 霍贝尔前引书，页 30。

3 Max Weber, *Economy and Society*，转引自 David M. Trubek. “Max Weber on Law and the Rise of Capitalism.” *Wisc. L.Rev*.720.（1972），页 725。

> 一系列制度化社会控制的原则，它们出自法律权威（法官、首领、父家长、法庭或长老会）通过的判决，且试图被普遍地适用（于将来所有“同样”问题），这些原则涉及受制于责任关系（obligatio relationship）的双方，且辅之以有形或无形的制裁。[1]

在另一些学者那里，合法权威被简单表述为“政治上组织起来的”（politically organized）力量。Roscoe Pound 把法看成“通过系统实施政治上组织起来之社会的强力实现的社会控制”[2]。“政治上组织起来”的提法也出现在 Radcliffe-Brown 的定义里面，他写道：

> 法是一种由某种法律制裁加以维护的行为规则，而法律制裁所以有别于其他社会制裁乃基于这样一个事实，即它包含了某种政治上组织起来之司法权威的干预。[3]

很明显，Sybille van der Sprenkel 在试图刻画清代习惯法（她称之为习惯—地方法）所具有的法的特征时，首先受到上面两种法律定义的影响。

在讨论习惯法上管辖权时，van der Sprenkel 倾向于把清代

1 Leopold Pospisil 前引书，页 95。
2 转引自 van der Sprenkel 前引书，页 118。
3 转引自 van der Sprenkel 前引书，页 118。

村庄描述为一个像宗族和行会那样的实体。村首领们拥有对习惯法的管辖权,而且,他们也像宗族和行会首领一样,因为得到国家某种认许而享有合法的司法权能:他们在各自范围之内被国家承认为司法权威。[1] van der Sprenkel 还进一步构拟出习惯法实施的具体程序:在一场公开争吵爆发之后,如果非正式的干预不能平息纷争,村首领们就会被要求出面裁断;他们将听取两造的诉求和理由,并试图找出双方都可以接受的解决办法;最后经过耐心的劝释,使双方达成妥协。具体言之,裁断过程可以分为以下几个步骤:首先,首领们向一方或双方了解提出诉求的原因,并听取另一方答辩。这样即可以知道投诉一方是要主张其习惯上的权利(诸如关于祖坟或者用水权),还是要求履行另一方与之签订而又未能遵守的特定协议,比如买卖或者抵押。在这些讨论背后的乃仲裁人与当事人都熟知的有关不同之习惯上关系样式(比如地主与佃户,买主与卖主)的知识,是特定关系中当事人习惯上可以期待的权利和义务,是有效约束此类关系的习惯上采取的形式。把这种知识运用于特定案情,即可以判定何种关系样式适用于有关当事人,以及,后者可以合理期待的又是什么。然后,仲裁人就可以决定,根据习惯,哪一个当事人拥有权利,或在什么地方可以令当事人达成妥协。[2]

不能说上述构拟程序毫无根据,但是它的整齐划一也有些

1 van der Sprenkel 前引书,页 112、118—119。

2 van der Sprenkel 前引书,页 102。

令人生疑。特别是，van der Sprenkel 把村庄与宗族和行会并列，认为它们行使着帝国法院下级法庭的职能，它们实施的规范即帝国法典的伸延与具体化，即使诉诸帝国法院也将受到维护。[1] 这幅图景实在过于完美了。且不说习惯法与国家法之间的关系并非如此简单，历史上，国家能否对广大乡村实施此种哪怕并非直接的法律控制也是令人怀疑的。比如，van der Sprenkel 笔下对习惯法之实施具有关键意义的村首领，其面目就一直模糊不清。在讨论村与族之关系时，van der Sprenkel 承认，南方许多地方，村之范围与族之聚落往往一致，以致族长与村首领职能不易分别。在另外一处，她似乎倾向于认为村首领主要由地方“士绅”(local “gentry”)构成。此外，她列举的村首领职能包括土地和人口登记及地税征收，因此给人一种印象，似乎他们又是里书、保正、乡约一类地方官认许的半官方角色。[2] 当然，从理论上讲，这些角色未尝不可以兼融。只是此种假定很难得到材料上的支持。关于这一问题，这里可以指出两点，第一，在有关清代乡村较为晚近的研究里面，过去主要围绕国家和士绅权力塑成的二元结构，正逐渐为一种涉及国家、士绅和村庄三方面关系的三角结构所取代。[3] 第二，保正、乡约一类人物并非如过去一般认为的那样，系由地方士绅或村庄首领们充任，相

1 同上，页 96、112。

2 同上，页 88、100、110。

3 参阅黄宗智前引书，第十三章。杜赞奇前引书有更详尽的分析，也可以参考。

反,真正的地方首领极少担任这类职务。[1] 当然,指出这些并非否认地方士绅、村庄首领以及地保乡约等在解决民间纠纷和实施习惯法方面可能发挥重要作用。事实恰好是,习惯法的实施以及此一过程中习惯法之发展和创造,是经由多种角色、多种活动而实现。浏览一下清代官方档案,我们对于这一点将获得深刻印象。

从巴县地方档案中看,民间纠纷通常先提请当地有关人,以说理方式解决。此所谓有关人,并不一定是被认为拥有国家授予之司法权能的地方士绅或首领,而往往是当事人之亲族近邻或契约之中人。以仲裁人身份介入的人物大抵因案情性质不同而不同。在一起因为坟地界址不定,砍伐树木引起的纠纷中,当事人投鸣同甲居民、当年清丈土地之经手人公断。[2] 在几起侵塚案件里,当事人首先"投约邻","集看","看坟理说"。[3] 在一起越占柴山引起的纷争中,当事人"投明邻证人集剖",后者不但都是近邻,而且有些于当年柴山买卖时"在场引进作中",同时又是交易之中证人。[4] 当纠纷涉及特定契约内容或履行时,中人往往是投诉的对象,比如业主与当主或者租主与租

---

1 黄宗智主要根据宝坻县刑房档案得出这一结论,详见其前引书,页 234—243。有趣的是,比这批材料早半个多世纪的四川巴县乾隆朝档案也提供了同样的证据。详见《巴县档案》页 193—208 所载文书。

2 《巴县档案》页 11—13,"乾隆二十四年十一月初九日马文学、赵世祥供单"。

3 《巴县档案》页 17,"乾隆四十五年四月初三日张仕庆告状";页 291,"乾隆三十五年王仲一等砍伐风水树案";页 292,"乾隆三十六年陈在朝控甄化鲲开路践塚案";页 294,"乾隆五十七年七月初五日刘天贵告状";页 288—289,"乾隆二十七年智里六甲民彭尔聪县告杨茂兄弟侵挖坟冢案"。

4 《巴县档案》页 1720,"乾隆五十三年赵永贵欺幼越占柴山案"。

户之间发生纠纷,当事人往往请求原中向为理说。[1] 有些争端发生于族内,因此由族邻人出面调停理楚。[2] 又有些事务原出于地方安排,遇有纠纷则可能有乡保介入。[3] 在某种情形下,当事人也可能直接求助于地方人物如坊长、街长等。[4] 值得注意的是,尽管从某种意义上说,这里提到的案件的'调处"大都未获成功(这一点完全系由我们选用材料本身的范围所决定),但是第一,无论约邻、中人还是族人、乡约,其介入都具有完全的程序意义,而且在这一阶段,通常会有明确的裁断。第二,没有迹象表明,劝释不能奏效时"村首领们"即行介入,相反,调处失败的案件总是被直接提交县署。第三,地方官接受诉状之后往往将案件批回,或要求邻证"确查实复",或指令原中"理楚禀复",或责成约保"同原证从中剖处",即把案件交由诉讼前阶段介入纠纷的同一些人查实处断,在此情形之下,纠纷在官府监督、干预下仍以民间调处方式解决。[5] 当然,即使不经此批回程

1 《巴县档案》页255—256,"乾隆五十五年十一月初七日杨启元禀状","乾隆五十六年二月二十六日慈里三甲贡生廖羹和禀状","乾隆五十七年索金满寺李正万勒索押佃银案"。

2 《巴县档案》页124—125,"乾隆四十一年廉里二甲严维纲、严荣升诉讼案"。

3 《巴县档案》页162—163,"乾隆二十九年十月直里十甲回龙寺田产纠纷案"。

4 《巴县档案》页267,"乾隆五十七年八月二十日三楚会首欧鹏飞等禀状";页265—267,"乾隆五十六年巴县禁止外来锡匠游街仓揽案"。值得注意的是 此两起案件中提出诉求的一方皆为"法人",而且在第二例中,被诉一方乃满街游荡的外来工匠。这里,坊长、街长的职能与其说是调处纷争,不如说是维持治安。

5 一种情况是地方官将案件批回有关人清理,使勿涉讼,如"乾隆五一五年十一月初七日杨启元禀状",县中堂批"邀中理楚,毋遽涉讼",后经众人理剖,未能解纷,县中堂第二次又批:"仰原中理楚禀复,毋令涉讼"。(《巴县档案》页255)。另一种情况是案件未结之前调处成功,有关人等呈清息案,例见《巴县档案》页291、292所载约邻、地邻"息状"。

序,诉讼前阶段产生的裁断也经常成为地方官判决的基础。[1]

由巴县地方档案转到乾隆朝刑科题本,可以发现各地情形大同小异。民间调处的主要角色仍是亲族、地邻、保约、中人以及地方耆老几种人,只名称稍有不同,如称族房、亲族、族众、族保、中族、公亲、地邻、邻里、甲邻、众人、村老、头人、地保、乡练、百甲、甲长、乡约、保正、村保、乡保、原中、中人等。[2] 这些人实际具有的相当广泛的调处职能同样得到官府认可。在一桩伪造契约、霸田不还的案件中,县令"批业主、契中查明理处"[3](广西),一起有关典卖的纠纷被"批中清理"[4](湖南),两起有关赎田的纷争,告状之后"蒙批中族处复"[5](浙江)和"族人调处"[6](湖北)。相反,在一起因田土纠纷致伤人命的案件中,乡保王某和刘某因为"劝处不力"而受到"杖八十"的处罚。[7] 而在一桩租佃纠纷中,当事人刘某"不凭邻里理处",自行赴田栽插,致与人争殴,也被依"不应重律,杖捌拾"。[8] 又有一起因田

---

1 如《巴县档案》页 11—13 所载之案,县令的判决完全采纳原先的裁断,只增加了对于不服裁断而使纷争扩大之"滋事"者的处罚。而在"乾隆四十一年廉里二甲严维纲、严荣升诉讼案"中,县令的判决则在承认原来族邻劝释的基础上稍加变化。(《巴县档案》页 125)

2 这些名称散见于《史料之一》和《史料之二》所收材料,不赘引。

3 刑科题本,乾隆十九年(1754)十一月二十五日刑部尚书阿克敦题。(《史料之一》页 535)

4 刑科题本,乾隆十一年(1746)五月十七日刑部尚书阿克敦题。(《史料之二》页 220)

5 刑科题本,乾隆十五年(1750)二月二十七日浙江巡抚喀尔吉善题。(《史料之二》页 234)

6 刑科题本,乾隆十五年(1750)六月十三日刑部尚书阿克敦题。(《史料之二》页 382)

7 刑科题本,乾隆十八年(1753)六月十七日题。(《史料之一》页 530)

8 刑科题本,乾隆三十二年(1767)正月二十三日江宁巡抚明德题。(《史料之二》页 473)

业取赎引起的纷争,官司亦以当事人一方未曾“邀同原中理明”即相抗执相责。[1] 自然,就反映民间田土钱债纠纷及其调处等情况而言,由刑部归档的这批材料不能像地方衙门档案那样全面和细致。因为,除去个别情况,所有案件都是作为命案被呈报和处理的,我们感兴趣的材料只是附带地被提出。尽管如此,它们仍有不可忽视的重要性。首先,这里汇集的案件来自全国各地,案件类型也多种多样,比如同是乡保一类人物,其名称可以是保正、乡约、族保、保副、乡保、百甲、地保、乡练、甲长、保长等,而由这些人物介入的场合包括赎地纠纷、讨债、追租、催取挂红钱、抬价勒卖、索取画字银、找价、典当纠纷、斗殴、佃种地亩以及家内纷争等等。地方衙门的材料放在这样广阔的背景下自然更具有说服力。其次,命盗重案经省而上呈刑部,层层批拟,即使有关“酿成命案”之“民间细事”的判处只是附带地提出,也足以表明官府的立场,舍此,则无法较为全面地了解官府对民间纠纷及其调处所持态度,不能更好地把握习惯法与国家法之间的关系。关于后一问题上节已有论述,这里只指出一点,即由于这种关系的复杂和矛盾性质,我们就不能说习惯法是国家法典的伸延和具体化,同样,我们也不能够将官府对亲族、地邻和中人一类人物的倚赖简单地理解为国家授权。

从国家法方面去界定习惯法自然比较容易满足一般关于法的定义。由国家承认并以其合法武力或明或暗予以维护的

1 刑科题本,乾隆八年(1743)二月初七日浙江巡抚常安题。(《史料之二》页323)

民间习俗、惯例和调处等当然应该被视为法。但是,这样一种立场并不能很好地说明习惯法的性质和特征。事实上,最后进入诉讼请求官断的只是实际发生的纠纷中的极小一部分,绝大部分纠纷通过民间调处程序获得有效解决,而这并不只是因为当事人承认介入其中的地邻、中人、乡老、亲族等握有国家授予的代理权能(delegated powers)。不仅如此,就整个习惯法秩序而言,冲突及其解决只是其显现的一个方面、一种方式,在更多情况下,习惯法的有效性体现于乡民循规蹈矩的行为之中,而后者所以服从和遵循各种乡规、俗例,又不只是因为他们相信这些例规终将为官府所维护。最后,正如我们已经了解到的,有许多乡规、俗例和流行的惯习完全不为官府承认和支持,但它们有着极强的生命力,结果不但官府屡禁不止,而且它们往往迫使各地官府在有关场合作出妥协。即使抛开其对于官府的影响不讲,它们至少也和习惯法上的其他制度一样有力和有效。那末,是什么(如果不是或者至少主要不是国家权威的话)使得习惯法为乡民所遵守,又是什么使之有别于一般习俗呢?

van der Sprenkel 虽然不恰当地强调了国家权威,并且把习惯法(实际是一般"非正式法")与国家法之间的关系过分地简单化,但她在指出习惯法主要靠公众舆论支持以及"面子"观念在其中之重要性时大体上是正确的。[1]

与宗族法和行会法不同,习惯法既非人为订立的规条,也

1 参阅 van der Sprenkel 前引书,页 98—100、103、111。

没有相应之组织上的保障。在一般日常生活中，乡民对习惯法的遵从主要是靠当地公众舆论。换言之，各种有关文书档案中所谓“理讲”、“理论”、“理说”、“劝令”、“众剖”等等不但是民间调处必有之环节，而且也是整个调处程序的关键。问题是，有关人的劝释或者更大范围的公众舆论到底具有什么样的强迫力量，以致能使一种习惯具有法的威严？的确，奖惩的方法多种多样。恰如霍贝尔指出的那样，鼓励的方法可以是从一个微笑、拍拍肩背到赠给奖金、授以奖章乃至树碑立传。制裁的办法也可以由嘲弄讥讽、责打咒骂到没收财产、肉体伤害直至处死。[1] 关键在于，具体办法的意义和效力因社会不同而不同，我们所要了解的乃一个特定社会之特定强迫机制。关于这一点可以从分析中国人的“面子”观念入手。

一般所谓“面子”似乎是一种普遍的社会心理现象，但是西方著作家在与中国人发生接触之后，他们见到的“面子”及其对中国人的意义，在他们几乎是全然陌生的事物。19世纪的美国传教士明恩傅(Arthur Henderson Smith，又译斯密斯)写道：

> 在西洋人看来，中国人的脸皮便好比南太平洋里海岛上的土人的种种禁忌，怪可怕、怪有劲，但是不可捉摸，没有规矩，……在中国乡间，邻舍是时常要吵架的，吵架不能没有和事佬，而和事佬最大的任务便是研究出一个脸皮的

1　霍贝尔前引书，页15—16。

> 均势的新局面来，好比欧洲的政治家，遇到这种事件的时候，遇有国际纠纷的时候，不能不研究出一个权力的均势的新局面来一样。[1]

另一位作者R.格尔巴特也谈到“面子”：

> 为了保持体面，在中国人中产生出外国人无论如何体会不出来的“面子”经。……不论什么样顺良病弱的中国人，为了“面子”可以同任何强者搏斗。当“面子”受到损害，而无力恢复，会表现出相当的高傲，因为表现不出这种高傲，激愤而死者不计其数。
>
> 被人嘲笑是面子的重大丧失，然而对卑怯行为和表里不一行为的隐藏却不是耻辱。可见，丧失面子对于中国人是何等重大的问题。[2]

在稍后的一些著作中，中国人的“面子”观念得到更细致的分析，并被置于具体的村社背景下观察和说明。胡先缙首先将

1　A.H.斯密斯（明恩傅）：《中国人的特性》（1894），转引自沙莲香编：《中国民族性》（一）页52（北京：人民大学出版社，1989）。

2　R.格尔巴特：《中国的祸根》（1926），转引自沙莲香上引书，页133。可以注意的是，对“面子”的观察和描写在外国人关于中国社会及中国人性格的著作中相当常见。详见《中国民族性》（一）页75、119、162、175—176、177。应当指出的是，在胡先缙之后，有关中国人面子问题的研究越来越倾向于将脸和面合并甚至混为一谈，而在最近发表的一篇研究中，上述转向被认为无助于揭示中国社会的特质。换言之，脸与面的“异质性”仍然是我们认识中国社会心理人格特征的一个有效的出发点，见翟学伟：《中国人的面具人格模式》，载《二十一世纪》1995年12月号。

面与脸分别为二，指出前者主要是外在的，与社会身份、地位、声望等相连，后者则偏重于内，实际为一种道德性的观念。[1] 换言之，“面子”实具有内与外、广与狭两种意蕴。[2] 另一位人类学家 Martin C.Yang（杨懋春）在其对山东地方一个村庄的田野调查中仔细考察了社会控制过程中公众舆论的重要性以及“面子”观念在其中的作用。他注意到：

> 社会控制乃村庄事务，其主要手段是公众舆论。倘若一个人的行为受到大多数村民的赞许，则他处处获得荣誉与尊重。因此，非议成为强有力的制约，比如，村民虽然不去干涉或者伤害一个放荡女子，但他们断绝与其家庭的往来，并且对这个家庭的所有成员都不理不睬。社会孤立是一种可怕的惩罚。只有那么三、四家，其社会地位如此低下，以至在某种意义上不受公众舆论影响，它们不在乎众人非议，只害怕有形的惩罚。[3]

基本上，杨氏在“面子”的第一种意义（即“面”而非“脸”）上来讨论问题，他认为，面子与声望、荣誉、赞许、认可等外在事物有关，确切地说，“面子实为个人之心理的满足，他人所给予

1 胡先缙（Hu Hsien Chin），“The Chinese Concepts of Face”，*American Anthropologist*，Vol. 46，No.1，pt（Jan-mar.1944）。转见金耀基：《“面”、“耻”与中国人行为之分析》，载金耀基前引书，页 44—45；van der Sprenkel 前引书，页 90—100。

2 金耀基上引文专就此一点予以进一步发挥，可以参看。

3 杨懋春（Martin C.Yang），*A Chinese Village*，p.150（Columbia University Press，1945）。

之社会尊敬”。[1] 作为能够左右乡民日常行为的一项重要变量,“面子”的得失与这样一些因素有关:1)有关人之间社会或其他方面之平等地位;2)两人社会地位不平等;3)见证人在场;4)一定范围之社会关系;5)社会价值或社会制裁;6)有关社会声誉之自我意识;7)年龄;8)个人感受力。[2] 在杨氏指出的这些影响“面子”得失的因素中,第3)与第4)两项特别值得我们注意。正如杨氏所说,面子丢失与否之问题其实建基于对第三者发生影响之预期上面,因此街坊或公众聚会是有丢面子之危险的所在。但是另一方面,公众的存在只在一定范围内有意义,一旦超出此一范围,公众的影响即告消失,“面子”观念不再起作用。这就是为什么一个在其家乡循规蹈矩的农民,在一个大城市中可以有截然不同的行为举止。[3] 实际上,这里涉及的不简单是社区范围之大小问题,而与中国人特有的所谓文化逻辑有关。这种特定的文化逻辑直接产生于(同时也造就了)中国社会结构,即所谓“特殊主义的关系结构”。[4]

在最近几十年里,一些曾经并且继续在中国人社会里流行和对中国人之行为有重要影响的观念越来越为学者所关注,这

---

1 同上,页167。

2 同上,167—170。

3 同上,168—169。

4 语出 Talcott Paxsons, *The Structure of Social Action*, p.551(1949)。转引自金耀基前引书,页24。最近有学者欲从中国历史与社会的内部立场出发,重新审视和界说此一问题,其结论是,中国的伦理并非是特殊主义的,而同样具有普遍主义,只是,它是一种“以特殊主义为基础的普遍主义”。详见林端前引书,页3—39。限于篇幅,这里不能就林文予以全面评述,我只想指出,就本文所描述的现实社会结构而言,林文并未构成挑战。此外,林文立意虽好,其尝试却很难说是成功的。

些观念,除上面提到的"面子"以外,还有"报"、"人情"、"关系"等。[1] 单从字面上看,这些概念也像"面子"观念一样,具有相当的普遍性。它们所以被认为是中国式的,恰因为它们生长于其中并且据以获得特殊意义和力量的社会结构和文化逻辑是"特殊主义的"。根据一位社会学家的说法,中国社会结构所呈现出的是一种"差序格局",这种格局"好像把一块石头丢在水面上所发生的一圈圈推出去的波纹。每个人都是他社会影响所推出去的圈子的中心。被圈子的波纹所推及的就发生联系",而这圈子"愈推愈远,也愈推愈薄"。[2] 换句话说,中国社会里没有群、己(社会与个人)的明确界限,因此也缺乏建立在此基础之上的普遍性的道德。一切都要站在"己"的中心位置上去度量,道德(更确切说是有效之行为规范)的范围则可大可小。在此"特殊主义的关系结构"(或曰"差序格局")中,人们自然注重"关系"(具体的、特殊的、而非抽象意义上的)、讲究"人情"。具有某种一般性的"还报"、"报偿"之"报"的观念,融合在此特定文化逻辑之中,成为"整个社会的基础";[3] "面子"观念的作用机制也因此变得更加复杂:"关系"的范围和远近能够决定"面子"作用的大小,"人情"的增减也与"面子"的得失有关。

---

1 参阅杨联陞:《报——中国社会关系的一个基础》和《原报》,载杨联陞:《中国文化中报、保、包之意义》(香港:香港中文大学,1987);金耀基前引书,前四篇文章。此外,台湾学者黄光国曾就人情与面子问题做过专门研究,可惜在本书写作之时我没能看到他的已经出版的专著。

2 费孝通:《乡土中国》页23、25(北京:生活·读书·新知三联书店,1985)。

3 杨联陞前引书,页74。

反过来看,在一种"特殊主义的关系结构"中,"报"、"人情"、"面子"和"关系"一类观念,乃成为对人之行为有着强有力规范作用的东西,更直接地说,它们本身即"制度化规范",[1]生活在这样一个社会中和制度下的个人,不按照这类"规范"去行事是很困难的。

从上面的理论分析再转回18、19世纪的中国乡村,我们对于习惯法的实施就可能有更加确切的认识。

毫无疑问,18世纪前后的绝大多数中国人生活在村落之中,这些村落虽然有大小之分,但是没有例外都是相对封闭的小型社会。尽管存在某些形式的村际联合以及覆盖若干村庄的地方市场,对于乡民日常生活最具重要性的仍然是村落。[2]这是一个人们彼此熟识的社会,一个"没有陌生人的社会"。[3]其中,村庄首领(广义上包括长老、头人、首事、乡约等)与族邻(泛指亲戚、族人和四邻)在个人生活世界里更扮演重要角色。前者代表了乡村公共事务的一方面,后者则直接构成个人周围之"关系",因此也更经常介入于个人生活。习惯上,几乎所有契约关系都要由中人安排,充当中人的则没有例外总是上面这

---

1 金耀基认为,"人情根本就是一种得到文化价值所支持的社会规范"。又说"人情是一'制度性规范',也即一个人在与他人往来时,他会自觉与不自觉地遵从人情的规范而行事"。前引书,页30、33。这些关于"人情"的总结移用于"面子"、"关系"等同样合适。

2 在对华北农村的研究中,黄宗智比较强调其封闭性,杜赞奇则比较强调村际之间的各种联合形式,不过,他们都不赞同施坚雅过分强调"市场体系"的看法,而坚持将研究的重点放在自然村上面。参阅黄氏与杜氏前引书。

3 费孝通前引书,页5。

两类人物。在土地交易这类重要场合，卖主亲族及四邻的到场、画押往往是不可缺少的，而在有些地方，原中以外更以本团地保为重要人，否则所立卖契可作无效。[1] 纠纷发生时，同一些人物又是投诉的对象。湖南湘阴地方习惯，若因所有权界至不明而生争执，辄请凭团邻从场理落，清理界限并书写清理字据，之后即照该清理字所载界址管业，不得再事混争。[2] 福建漳平民间有所谓"公亲"，其任务以调解证见为主。民间细微事务大抵就理于公亲，较重要之契约，家长之外必加入公亲若干人签名。公亲资格亦不必以当事者公共之亲为限，大率大小乡绅以及一造之戚属皆得随时认为有公亲资格。[3] 而在江西南部各县，"乡民凡因权利争执，往往投请中族理处，书立合同字据（有称为劝释字、言明字或判明字），由双方代表在场画押，息事完案。彼此遵守，认为绝对有效"。[4] 湖南汉寿、益阳、安化、湘阴等地习惯，"邻间争议事项经地邻戚族排解办法"：违反乡约或族亲等事体较大者，理曲者行"牵羊扛酒礼"，细微之事行"肋肉壶酒礼"，赔礼息事，此种习惯乡民"视之甚重，与民事和解方式生同一之效力"。此外，排解争议写立"公判字"、"和息字"，一

1 《报告录》页362，江苏奉贤县习惯。有些地方之民间契约常可见到乡保人等之签字。

2 《报告录》页614。

3 《报告录》页1597。

4 《报告录》页966。

式二份，双方各执一纸，亦为该地通行之有效习惯。[1] 常德、武冈地方有所谓"散事费"，系排解债务、口角等纠葛成功后调处人所得费用。此外又有所谓"斗彩"程序，即于两造各执一词，相持不下时，由排解人克期约集两造至公众场所，除令平均出酒席费外并平均各斗重金交由排解人，被裁断理曲者，不但须向对方赔礼，其所斗之钱，亦被瓜分。凡经过此等程序，当事人即不得再行翻异、论诉，否则同场排解人等必"大彰公道，毫不偏私"。[2] 事实上，由于地方官对于族邻、约保、地方士绅等倚赖甚重，词讼案件亦往往批回理处，调处中的理曲者要扳回败局必定相当困难。谚云："过得乡场，过得官场"。大量的民间纠纷因此没有进一步被提交诉讼。当然，调处绝非只是因此而具有效力。

乡民以族邻、中人、村首领等为投诉对象，当然承认后者为排解纠纷的合法权威，而这种习惯上的认可和接受并不一定以国家的特别授权为前提。关键问题是，充任调处之人通常具有某种特殊资格，他们或者最了解情况（如地邻对于土地界址），或者与纠纷当事人双方都有某种关系（如亲族和中人），或者因

1 《报告录》页1171。附录民国初年"和息公判字"一道：

立和息公判字。邻族等今因徐、李二姓互争青龙冲郭家坝下杨楂坝尾坝水反车，互控在案，二比各执一词，我等从中公议，判令从郭家坝下至石板丘东头抵挡，任徐筑堤修坝，坝上归徐姓管业，坝下系李姓私水，徐姓不得反车。此系二比情愿，自后各车各水，各管各业，均不得越界混争。恐口无凭，书立公判字二纸，籍以永敦和好。徐、李二姓各执一纸，永远收执为据。

永敦和好。

到场人地邻某　户族徐某　李某（《报告录》页1171—1172）

2 《报告录》页1172。

为其身份、品德等具有较高声望，而在许多场合，这些人可能一开始就或多或少参与了后来演成纠纷的那些“法律关系”。事实上，诸如婚姻、借贷、租佃及田房交易一类事，总是在乡土社会既有的“关系”网络中发生，这些“关系”靠人情来维系，“面子”观念在其中可以最大限度地发挥效力。成功的交易一半靠中人的说辞和技巧，一半则基于其“面子”。中人的“面子”越大，交易成功的可能性也越大，反过来，中人的“面子”对于订约双方都具有某种约束力，因此，其“面子”越大，契约的稳定性也越强。

因为同样的道理，族邻、中人等在解决利益冲突时也总是扮演重要角色。恰如我们所见，在有契约关系的场合（在清代，几乎所有重要交易都须订立书面契约），中人的责任并不只是帮助订立契约，他还要准备对以后有关这一契约发生的所有问题负责。无论何时，只要双方中的任何一方就当年的交易提出新的要求（有时可能是向第三人），他都要代为向相对方提出，并往来于双方之间，调和其主张。这种责任直到他死时才最后终止。此外，中证人的介入使得交易以及其后利益冲突的解决具有公开性，而这意味着将当事人置于某种“公众场合”，如上所述，这对于习惯法的维持是绝对必要的。实际上，很少有纠纷不是被立即（通常根据纠纷的性质及当事人的身份）交付公论（其范围或大或小，可以是“投明原中”、“邀邻集看”，也可以是“投众理讲”、“邀集赴祠”等），而人们在这样做时，就不仅是诉诸公众舆论，也是在启动“关系”和“面子”的机制。在乾隆十三年(1748)的一桩案子里,原业主"投鸣中人"向新的买受人索要脱业钱,后者不肯,"中人们劝解,叫从乡例每两给银三分",后者"因情面难却,也就应允了"。[1] 这样的事例可视为典型。

并非所有情况都有可资适用的"土俗"、"乡例",也不一定在所有存在"乡规"、"俗例"的场合,习惯法都被严格地遵守。但是可以肯定,在绝大多数情况下(尤其是在涉及一些基本的关系样式时),以及在很大程度上,乡民们总是依据习惯法行事的。想象这种情形并不困难。我们只需牢记,习惯法乃所谓"小传统"。它们是更接近字面意义上的"地方性知识"。[2] 它们为一个地方的民众所创造、拥有和信奉,它们构成这一或那一小社会的秩序。生活在这样小社会中的人自小就熟悉它,眼见它被实施,也参与对它的改造。正像上面所描述的,人们并不只是在事后才去适用习惯法,而是从一开始就加入到根据习惯法来安排生活的过程之中。这里并没有掌握专门知识的法官。此一场合的当事人在另一场合可以是中证人,又在另一场合是出面调处的"公亲"。这种角色上的互相转换加强了"公众舆论"的力量,而对"土俗"、"乡例"等的遵守和维护不仅使得日常生活能够有序进行,而且保证纠纷的解决具有合法性。比如甘肃古浪县习惯,婚姻之确定不在庚帖而在彩礼,若遇一女两聘而致争议情形,民间理处必以已过彩礼者为正当,关于此

---

1 刑科题本,乾隆十三年(1748)七月初八日湖北巡抚彭树葵题。(《史料之二》页363)

2 语出 Clifford Geertz,见其 *Local Knowledge*.(Basic Books,Inc.1983)其中《地方性知识:事实与法律的比较透视》一文已被译成中文,载于梁治平编:《法律的文化解释》(北京:生活·读书·新知三联书店,1994)。

类讼争,若依订婚先后为判决,舆论即不以为然。[1] 又如江苏地方之"一田两主"习惯,"佃户可使子孙永远耕种,或任意将田面部分(即永佃权)变卖抵押。即积欠田租,业主提起诉讼,只能至追租之程度为止,不得请求退田。遇有此项案件,按照习惯效力办理,两方尚能折服"。[2] 换言之,"乡规"、"俗例"的存在使得乡民有可能拥有某种"合法意识"(不要忘记,在整个历史上,国家权力,尤其是国家法律对于乡民社会的渗透始终极为有限),正因为此种"合法意识",纠纷中自信有'乡例"支持的一方当事人于诉诸公断之外还可能采取某种自力救济措施。在主张债权、索要画字钱及要求加找等场合,当事人往往强牵对方之耕牛、毁坏或抢割其田中作物。[3] 这种情形有点类似霍贝尔在初民社会中所见到的,拥有请求权的一方以一种社会公认和普遍接受的方式自行采取强制措施,他们就有了运用正常法律制裁的特许权。[4] 这里还可以顺便指出,此种自力救济之习惯,直至民国初年仍在一些地方颇为流行。如在福建漳平,债务人不履行债务时,债权人每扣留其动产。有于事前或事后投明地保公亲者,亦有迳直行之者。[5] 而在安徽全椒、来安等地,找价之风极盛,"甚至一找再找,纠缠不休。每至年关,拉驴

1 《报告录》页1781。

2 《报告录》页317。

3 此类事例颇为多见,比如刑科题本中提到的湖北、湖南、广西、河南等地事例。详见《史料之一》案177,《史料之二》案93、123、128、189、207、213、214等。

4 参阅霍贝尔前引书,页53。

5 《报告录》页1082。

牵牛,或怂令老朽卧食受业之家。虽经县署再四示禁,而积习相沿,未能尽绝”[1]。

讨论至此,我们对于习惯法之为“法”似乎已经给出比较有力的证明,但是,并非乡民的任何习俗与惯行都可以被视为法,那末,究应如何将习惯与习惯法相区分呢?显然,只从社会控制形式上作出区分是不够的。乡民社会既缺乏专门的司法组织,要通过机构的活动来区分道德规则与习惯法规则就是困难的。事实上,在我们所面对的这些小型社会里,道德的以及其他日常生活中的行为规范基本上依靠同一套机制得以实施。亲友间的馈赠与回礼、祭祀上的节仪、婚娶与丧葬的各种程序、燕饮、生子、庆典以及生活中各种不同场合应有的举止等等,无不是在“关系”的网络中展开和进行。在这些地方,“人情”是人们必须遵循的规则,“面子”同样对行为人构成有力的约束。我们究竟根据什么把这些规则中的一部分指称为法?Malinowski说,法是:

> 一套被一方视为权利而为另一方承认为其义务之具有约束力的关系(obligations),因……社会结构中所固有之特殊的互惠与公开机制而保有效力。[2]

---

1 《报告录》页937。

2 Malinowski,*Crime and Custom in Savage Society*.(1926).转引自P.Bohannan前引文,页7。一般认为,Malinowski的这个定义主要突出和强调了社会关系中“互惠”的法律学意义。关于Malinowski理论的完整表述,参见氏所著《原始社会的犯罪与习俗》,夏建中译(台北:桂冠图书股份有限公司,1994)。对于其理论的进一步讨论,在林端前引书中有简单的介绍,详见该书页61—66。

这个定义或许不足以揭示初民社会中法的重要特征，但它指出法所具有的分配权利、义务功能却值得重视。因为本文所讨论的习惯法正是在这一方面与普通习惯有着重大差别。普通习惯只是生活的常规化，行为的模式化，习惯法则特别关系权利与义务的分配，关系彼此冲突之利益的调整。婚俗内容虽然丰富，我们却侧重比如财礼与媒妁，因为习惯上此两项程序的完备与完成将产生婚姻的效力。同样，我们在繁复的丧葬习俗中特别提出"顶盆"、"抓土"等，只是因为这些程序直接关系承继身份的确立。普通习惯很少表现为利益之间的冲突与调和，单纯之道德问题也不大可能招致"自力救济"一类反应，习惯法则不同，它总涉及一些彼此对应对立的关系，且常常以利益冲突的形式表现出来，更确切地说，习惯法乃由此种冲突中产生。也是因为这个缘故，习惯法比较普通习惯更具确定性和操作性，也更适于裁判。就像 van der Sprenkel 所说，习惯法"因为其更具客观性的陈述和规定了用于裁判的尺度而有别于单纯的习惯"[1]。

最后，我们可以这样来总结上面的讨论：习惯法乃由乡民长期生活与劳作过程中逐渐形成的一套地方性规范；它被用来分配乡民之间的权利、义务，调整和解决他们之间的利益冲突；习惯法并未形诸文字，但并不因此而缺乏效力和确定性，它在

1 van der Sprenkel 前引书，页 125。

一套关系网络中被实施,其效力来源于乡民对于此种“地方性知识”的熟悉和信赖,并且主要靠一套与“特殊主义的关系结构”有关的舆论机制来维护。自然,官府的认可和支持有助于加强其效力,但是它们并非习惯法所以为“法”的最根本特征。古代国家既无意也无力提供一整套能够取而代之的法律制度,在此情形之下,官府甚至对它视为有害的习惯也不能不采取妥协立场。

习惯法与社会变迁

在中国法律史上，大体可以说，法典以《唐律》为最显赫，习惯法则以清代为最发达。这一对比意味深长，它从另一方面揭示出习惯法与国家法两种知识传统之间的差异，尤其是它们生长条件的不同。作为一种社会制度，作为所谓民间社会秩序的自发显现，习惯法的每一步发展都与实际社会生活、社会组织的变化有着密切关联，就此而言，清代习惯法的发展可以被视为明、清两代社会生活内部深刻变化的直接反映。

学者们述及明、清时代社会经济变革，尽管其立场和关注的具体问题不同，所用词汇却往往相同、相近和相关，如谓“封建土地关系的松解”[1]、“平民阶层中间的市场关系”[2]、人口剧增、地权分化、农业集约化和商品化、货币经济、地区市场、契约化等等。这些以及其他现象构成帝国晚期社会生活的特殊景

1　详见李文治：《明清时代封建土地关系的松懈》（北京：中国社会科学出版社，1993）。
2　详见葛希芝：《中国的二重生产方式》，载叶显恩前引书。

观,而本文所讨论的习惯法即这特殊景观中不可分割的一个部分。正如我们所见,扩大垦殖与农业集约化乃缓解人口压力的基本策略,而在一个土地私有关系日益普遍的时代,土地的开垦和改良遂成为地权分化的一个重要契机,“永佃”及“一田两主”制度的出现就是这一进程的反映;[1]随着土地关系的“松解”,契约关系上升为土地交易中的主要模式,各种类型的土地契约因此而迅速地发展和流行起来;在人口密集的地方,商品生产逐渐成为家庭生计中不可缺少的部分,这种情形一方面导致社会对于货币需求的增加,另一方面则加快了社会中、下阶层的分化。毫无疑问,国家赋役制度的改革(“摊丁入亩”)也有力地促成了这种局面。结果,民间土地买卖空前频繁,各种借贷方法如典、当、抵、押、合会等均获得极大的发展。不仅如此,社会经济生活领域的变化也深刻地影响到习惯法的其他制度。有学者指出,尽管剥削妇女和把妇女当作商品的现象古已有之,“但只有当商品化已成为一种政治经济关系的一般形式时,我们才可能看到家庭在其女性成员怎样养育、使用和婚嫁等问题上作决定时,除了按照儒家的准则来行事外,还会对市场准则作出有规律的反应”[2]。总之,宋以后,尤其是明、清时代中国

---

1 有学者认为,从动态的观点看,“一田二主”这样的发展道路和这种制度的运用“不仅是由于农业社会人口对土地压力所造成的日益加剧的土地短缺的反映,而且也是在一个不断商业化、都市化的社会中日益加剧的现金短缺的反映”。(魏安国:《清代华南的土地所有制、赋税制和地方控制》,载叶显恩前引书,页905)这表明清代的“一田二主”制在实际社会生活中有着多种“用途”,其形成与发展也受多种因素影响。

2 葛希芝前引文,页420。这种说法为我们业已描述过的清代流行的各种形式的“财婚”提供了一种很好的解释。

社会内部的种种变化为古代习惯法的进一步发展提供了必要的条件,只有从这些条件出发,我们对清代习惯法上各种制度的发展及其意义才可能有恰当的认识和了解。

法律反映社会现实及其变化。这种判断用在习惯法上比用在其他地方更合适。但即使是在这里,法律也不仅仅是社会的反映,它同时也是社会发展中的积极因素。恰如我们已经指出,习惯法规范乡民行为,为民间社会提供秩序。这种职能在一个习惯法与国家法同时在内容上有所分工的社会里尤为重要。着眼于这一点,又可以说习惯法的存在使得整个社会的发展成为可能。

在一篇讨论帝国晚期习惯法、市场和资源交易的文章里,Ramon H.Myers(马若孟)运用新制度主义经济学的概念和方法对习惯法的社会功用作了一种颇具说服力的分析和说明。在他看来,晚期帝国(1400 至 1900 年,尤其是 17 世纪以后)的经济所以获得巨大增长而能够支持一个世界历史上前所未有的人口规模,端在于两种经济因素,即:一、中国人日益依赖于一个具有高度竞争性的生产和要素市场,使得资源交换、产品和分配在帝国各地繁盛发达;二、用于这些市场活动的交易成本持续和逐渐地降低,使得资源、商品和劳务的交换更大量地发生。而习惯法各种制度的传播,或者,为第三方强制和官府默认为法律的私人之间契约性交换,是导致交易成本逐渐下降的原因。比如,“引见”一类角色的介入降低了获取信息的成本;契约条款的格式化增加了交易的确定性;作为中证人的第三方的存在则在很大程度上保证契约能够履行。[1] Myers 引用的材料是我们相当熟悉的。

由习惯法与社会经济发展关系的问题,很容易转到另一些相关问题上面。其中最突出的问题是:这是一种什么性质的经济发展?进一步还可以问:这是一个什么样的社会?这一类问题不但是我们在讨论“习惯法与社会”这个题目时理应注意的,而且也是一般谈论清代法律与社会诸问题时很难忽略的。如果说,法律不但反映而且塑造社会,对此二者性质的探究就是不可回避的了。

必须承认,这很容易让人联想到一个韦伯式的问题,即中国为什么没有出现资本主义。韦伯注意到,在中华帝国晚期,在实际的迁徙自由和择业自由之外,货币经济有了很大发展,人口数量亦大大增加。然而,这些变化并没有冲破传统主义的束缚,更没有刺激资本主义经济形成,相反,它们强化了传统主义束缚,并且同一种停滞的经济形态联系在一起。[2] 这是为什么?

与人们通常理解的不太一样,韦伯对这一问题的考察和回答并不只限于所谓“经济伦理”。在他专门为此撰写的极富洞察力的著作里面,“本来的主题”虽然是“儒教与道教”,但是第一篇“社会学的基础”却占了将近全书二分之一的篇幅。在这一部分,韦伯考察了与西方资本主义兴起过程中诸重要社会因

---

1 详见 Ramon H.Myers 前引文,尤其是页 275、286 以下和 296。

2 详见马克斯·韦伯前引书,页 18、68—69、78、119—20、272—273 等。

素相对应的部分:货币制度、城市、行会、官僚制度、国家形态、社会结构、氏族、法律等,他的结论是,“在中国,缺乏资本主义‘经营’的法律形式与社会学基础”[1]。

法律与社会、或确切地说法律与资本主义的关系,不但是韦伯法律社会学的主题,而且也是其政治社会学和经济社会学的重要问题。在韦伯看来,一种有助于资本主义生长和发展的法律,在很大程度上以其“可计算性”(calculability)为特征。[2]中国的法律恰好不具有这种特征。在中国,“十分重要的是立法的内在性质;以伦理为取向的家长制,……所寻求的总是实际的公道,而不是形式法律”[3]。更进一步说,“中国的司法依赖于一种实在的个体化与恣意专断”[4],而可以视为一种“所罗门式的卡地司法”(Kadi-Justiz)。[5]

韦伯关于中国法的上述看法已经受到后世学者的挑战。在一部主要以清代刑部档案所载案件为研究对象的专书里,作者们注意到,清朝的刑事审判程序具有制度化、合理化特点,任意专断地判案只是极个别的情形。[6] 晚近一些学者从他们对清代地方官府档案的研究中得出了几乎相同的结论。他们争辩

---

1 马克斯·韦伯前引书,页103。

2 “calculability”一词同时也有“可预测性”、“可靠性”等含义。“可计算性”则特别突出了这种法律如精密机器一般的形式合理性,这种特质恰好是西方资本主义得以滋生的重要前提之一。参阅 David M.Trubek,“Max Weber on Law and the Rise of Capitalism”, 1972 Wisc.L.Rev.720;马克斯·韦伯前引书,页123、174—175。

3 马克斯·韦伯前引书,页122。

4 同上,页124。

5 参阅上引书,页122—123,174—175。

6 参阅 D.布迪和 C.莫里斯前引书,页442—443。

说，清代地方官在处理词讼案件（其中的绝大部分即现今由民法调整的事务）时同样不是任意专断。相反，他们依据法条、先例乃至地方习惯，他们的判决因此是前后一贯的和可以预见的。[1] 指出这一点尤其重要，因为这里涉及的恰好主要是经济生活中的法律，而根据研究者的结论，这套法律以稳定的和可预知的方式发挥作用，以至民众实际上诉诸之以求保护或主张其权利。[2] 从另一方面说，由官府施行的这套法律远非阻碍经济增长的因素。[3]

我在这里不可能完全转入国家法，进而全面评估上述研究成果及其理论意义。本书的重点是习惯法，以及这种非正式制度与社会尤其是其中经济发展的关系。不过，在就此作进一步讨论以前，指出下面几点也是必要的。首先，一个基本事实是，清代社会生活的急速变迁远不曾在国家法尤其是法典上充分反映出来，这意味着国家法本身不大可能为地方官处断民间词讼案件提供全面和详尽的指导。其次，虽然与前代相比，清代民间词讼的数量有了明显增加，但是提交官府的诉讼仍然只是

---

1 详见 P.C.C.Huang 页 138 注 1 引文和 Mark A.Allee 前引书，第 10 章。在地方官判案所依据的究竟是法典上的条文还是更广泛一些，包括先例、习惯乃至某种文化规范这一点上，Huang 与 Allee 有不同的看法，不过他们两位都主张地方一级的司法活动远非随意的、取决于官吏个人清浊智愚的和难以捉摸的，相反，它们是“前后一致的和可预知的”（Huang），或具有一定程度的“稳定性、合理性和可预知性”（Allee）。这种情形对于经济发展显然具有积极意义。我们还注意到，尽管这些作者没有直接以韦伯为讨论的背景，但是他们所用的核心概念如“可预知性”、“合理性”等无不使人想到韦伯。事实上，Huang 关于华北小农和长江三角洲农业的研究在一定意义上可以看成对上述韦伯式问题的进一步探究。

2 P.C.C.Huang 页 138 注 1 引文，页 180。

3 详见 Mark A.Allee 前引书，页 156。不过，Allee 强调的是地方法院的先例而非法典。

民间同类纠纷中极小的一部分。不仅如此,提交官府的词讼案件,最后又只有一少部分由官府裁判(无论其依据的是法条、先例、习惯还是道德规范),多数仍发回(或撤回)民间,根据民间惯习解决。这些足以表明,无论讨论清代"民法"还是法律与社会发展关系之问题,都不能只局限于国家法(更不用说法典),而同时要了解和认识习惯法,要问这种法律能否为司法裁判提供足够的指导,以及这种法律本身所具有的特质。

清代习惯法是这样一种制度,一方面,它保有我们所谓习惯法的一般特征:没有立法者,也无须形诸文字。它像语言一样约定俗成,与时变化,且极具地方特征。另一方面,它已经相当理性化并且高度发达,这不但是因为它已在很大程度上脱离了巫术和仪式主义阶段而主要受实用理性支配,更是因为它本身即一个高度发达的文明的一部分,它所调整的关系相当复杂,它的许多制度也已经非常成熟。关于这些,我们可以轻易地举出许多例证。比如,尽管存在各种各样的地方性差异,清代习惯法却已具有了一定程度的统一性。这种统一性并不是简单的划一,而是在一些重要的习惯法制度上实现了不同地区之间最低限度的"共识":一些重要制度流行于一省、数省乃至全国,其原则只有微小的不同;那些重要类型的契约也是如此。[1] 又比如,通过不断地细分"权利",发展了一系列复杂的制

1 一位19世纪的观察家写道:"地契虽没有法定的格式,但并未因各地不同的格式而发生纠纷,因为说明契约内容的专用名词到处都是一致的。谁要是熟习了一个地区的一般格式,他就会易于理解并于必要时遵守其他地区的特殊风俗习惯。"(《英国皇家亚洲学会中国分会会报》卷二十三,页188、189,上海,转引自李文治前引书)。

度："永佃"、"一田两主"、典和活卖、转典、抵押、找贴、回赎和作绝，还有各种形式的担保和保证。这些制度有多种用途，尤其是可以相互结合、灵活运用：田面权一旦由完整的地权中分化出来，很快就成为买卖、典当和抵押的对象。同样，钱会中会友的"权利"也可以用来担保债务。[1] 清代习惯法所以能够为一种以商品化、货币经济、市场交易等为内容的社会经济生活提供有力的支持和保证，正是因为它具有足够的弹性和活力，它已经足够成熟。

当然，肯定习惯法对于清代经济增长和当时的社会经济生活具有重要和积极的意义，一点也不意味着习惯法有可能促成资本主义经济。相反，从资本主义发生学的角度看，习惯法远不足以提供这样一种条件。这首先与习惯法本身的自发性质和地方性质有关。

由于习惯法总是"自发"地产生，其发展必定是缓慢的，需要长时期的经验重复，这使得习惯法不大可能达到较高程度的形式理性化。它过分地依赖于传统，保留了过多的地方特点和过去的痕迹；它的内容不够确定，界限不够明晰，更缺乏适度的抽象和系统性。我们在清代习惯法里能够看到大量杂多和混乱的现象，如典、押写作绝卖，卖契写成租、当；买卖契约或空契

---

1 陈支平：《清代福州郊区的乡村借贷》一文收有"会当约"两道，可以参考（叶显恩前引书，页 824）。又，该文认为，乡族间的互助借贷已成为"成员们的一种固定物权，既可转让，也可出卖典当"（同上书，页 823）。"物权"云云未必恰当。正如前文指出，钱会中各当事人身份复杂而且变动不居，其成员能够"转让"的一定不只是单纯的债权。此问题复杂而有趣，但未见有深入研究。

价不填，或留（买主）姓名不写；一些重要制度总是难以完善，有些关系始终缺乏指导原则。[1] 这类情况虽然并不必定意味着一开始就造成混乱、引起纷争，但是相对于一种更加复杂的经济情态，其不适应性也是显而易见的。民国初年司法调查表明，社会发展愈是晚近，习惯法的这种不适应性愈是突出。解决这一问题需要对习惯法予以某种改造，并将其中合理成分吸收到国家法体系中去。显然，直到清末法律改革以前，完成这一任务的条件并不具备。我们已经讨论过清代社会国家法与习惯法之间的"断裂"现象，并且指出它在社会方面的表现是缺少一个类似于法学家那样的阶层。当时的情况是，既没有人对民间习惯予以全面的记录、整理、阐说和使之系统化，也没有人试图和保证将这样一套学理贯彻到诉讼活动中去。国家官吏对于各种民间惯行辄采取消极的和轻视的态度，严格地说，即使因为种种现实原因而作出妥协，他们也并不以"习惯法"为法。这一方面令习惯法缺少系统化的刺激，另一方面使它不大可能为国家官吏处断民间词讼提供全面和有效的指导。在一个习惯法与国家法之间存在"内容上分工"的社会里，这种情形无疑有着特殊的重要性。

上述情形已经不仅一般地涉及习惯法，同时也关乎清代习

---

1 如"破产"之程序。又比如江西各县祠产、神会、义仓、众会等组织之管理，每多规条不备、程序不清情形，以致易生纠葛、时滋讼累。（《报告录》页4—8）此类皆属制度不完善例。缺少指导原则之例有比如浙江金华地方之"招夫养子"关系，此种关系成立后每因财产管理、分配等情而生种种纠葛，民国初年之地方审判人员发现，"于此，法律上既无明文可资，习惯上亦乏确定之根据，在审判上恒成为困难问题焉"。（《报告录》页1539—1540）。

惯法所特有的人文背景，而在这方面，更加引人注意的也许是上文提到过的中国社会结构或伦理取向上的“特殊主义”。这种“特殊主义”与社会制度和经济发展的联系最先由韦伯指出。在《儒教与道教》一书中，韦伯比较了儒教与清教的不同伦理取向。他说，在中国，由于儒家伦理的作用，“政治与经济组织形式的性质完全依赖于个人的关系……中国所有的共同行为都受纯粹个人的关系、尤其是亲缘关系的包围与制约”[1]。从经济观点看，这种“人格主义无疑是对客观化的一种限制，同时也是对客观理性化的一种限制”[2]。与此相反，清教伦理成功地“建立起信仰共同体与一种共同的生活伦理，它优越于血缘共同体，甚至在很大程度上与家庭相对立”，“清教将一切都客观化，并将之转化为理性的‘企业’和纯客观的‘商务’关系，并以理性的法律与协约来取代传统。”[3]韦伯强调，这种客观化的、普遍化的和理性化的宗教伦理以及表现着同一种精神和原则的社会组织和社会制度，对于资本主义的兴起有着根本意义。[4]

尽管韦伯在其著作中不曾就中国古代习惯法展开系统讨论，而且我们也有理由推断他对清代习惯法实际上所知甚少，但他关于“人格主义”的论说却在很大程度上可以移用于习惯法。正如我们所见，清代习惯法主要是在一套关系网络中被实

1　马克斯·韦伯前引书，页270—271。

2　同上，页265—266。

3　同上，页266、271。

4　关于这个问题还可以参阅韦伯的另一部著作：《新教伦理与资本主义精神》，于晓等译（北京：生活·读书·新知三联书店，1987）。尤其是该书的“上篇”。

施,且主要靠一套与"特殊主义的关系结构"有关的舆论机制来维护。不仅如此,这套制度同时也是国家官吏在处理民间词讼案件时不能不经常依赖的对象。这种情形对于社会经济生活可能产生怎样的影响呢?建立在"人格主义"背景下的习惯法固然有助于降低交易成本和诉讼成本,在官吏主要依靠习惯法上的规则和机制来解决纠纷的场合,它也可能降低制定和实施法律的成本,然而,同一种原则也可能成为交易不确定的原因,比如土地交易中的亲族先买权一直是土地自由转让的障碍;与亲缘观念和考虑有直接、间接关联的交易制度如典、活卖、索找等每每令土地"卖而不断,断而不死"。清代刑档中,因上述两种情况而引致争殴、命案之事可以说比比皆是。更重要的是,一种主要是在"特殊主义的关系结构"中运作的法律有碍于客观化、普遍化和理性化法律的发展,而这意味着难以产生基于普遍化的法律而非个人关系的信用,也无法脱离个人关系去构筑各种经济合作组织。

上述情形表明韦伯关于中国没有一种有利于资本主义发展的形式法律的判断仍然是正确的,但那并不是因为中国的司法是所谓"所罗门式的卡地司法",[1]而主要是因为社会经济活

1 指出韦伯的这一错误并不意味着我们应该趋向另一极端,接受另一种同样是简单化的结论。古代州县官对其管辖范围内的案件确实拥有较大的自由裁量权,包括援用的规则、适用法律的方式以及具体刑罚的确定等。这固然并不简单意味着恣意专断,但也不完全否认"个性"因素可能起到一定的作用。关于这一问题,深入的研究只是刚刚开始,有必要综合更多种类的材料、考虑更多的因素和采取更复杂的视角。我自己曾在一些文章里讨论过法官教育背景以及文体、文风等因素对于司法活动的影响。详见梁治平:《文人判》,载梁治平:《法意与人情》。

动领域中的国家法总是过于简陋、不敷应用，因为民间经济秩序的建立与维护更多依靠习惯法，因为习惯法基本上被限制在一套“特殊主义的关系结构”之中，还因为国家法与习惯法之间存在深刻的“断裂”。

毫无疑问，认识清代习惯法对于我们了解清代社会及其变迁是必不可少的。因为有这样一种法律（连同认可这种秩序的国家法）所建构的秩序，清代社会生活才呈现出如此丰富多样而又井然有序的面貌，也是因为有这样一种法律传统，明、清时代的中国人才可能而对巨大的人口压力，创造出新的经济手段，一方面弥补资源上的匮乏，实现引人注目的经济增长。一方面增强固有体制的弹性，使不至在前所未有的人口和资源压力之下崩解。自然，习惯法同样没有成为近代资本主义经济的刺激因素，因为它本身并不具有突破固有社会界限的意义。指出这一点并不意味着判定中国社会“应当”发展资本主义经济，更不是要把清代社会及其变迁一类问题简单归因于习惯或一般所谓法律。我只是想指出，法律与社会之间有着复杂的互动关系，资本主义的出现则是包括法律在内的一系列社会因素与条件偶然聚合在一起的结果。清代社会经济形态，不论称之为“小农经济”[1]还是“小资本主义生产方式”[2]，都是有机的、完整的和具有自己特性的，这一点也表现在，这个社会并不“必然”

1 这里借用黄宗智教授的用法。在他那里，“小农经济”的概念比较丰富和完整。详见黄宗智：《中国农村的过密化与现代化：规范认识危机及出路》（上海：上海社会科学院出版社，1992）。

2 葛希芝前引文。

要发展出资本主义。意识到这些,我们对于清代社会与法律及其互相关系诸问题,可能会有更真切的认识。

余　论

昔之学者如蔡元培，以古之礼、法与现在所谓民法和刑法相比附，因有“今之所谓民法则颇具于礼”一说。[1] 礼、法之性质与关系，无疑是中国法律史上最值得探究的主题之一。[2] 约略地说，历史上的礼与法同为行为规范，二者之间并没有截然不可分的界限，惟其应用范围不尽相同且与时变化。虽然礼于法有统摄作用，毕竟礼之范围更广而法之领域较狭，二者偏重处亦稍有不同。就本书讨论之习惯法而言，礼重在人伦，习惯法则涉及许多非人伦关系，且不必尽以礼之原则为根据。因此，一方面，礼与习惯法显非一事，另一方面，礼的精神又每每渗透于习惯法之中，甚至在一些具体制度中很难把它们区分为二。这种情形在婚姻与家庭方面最突出。如民间缔结婚姻仍多以媒妁之言、父母之命和财礼为要件，生子、承祀仍然是婚姻的主

1　《蔡元培全集》第三卷，页 193（北京：中华书局，1984）。

2　关于这一问题可以参阅瞿同祖：《中国法律与中国社会》章六及“附录”（北京：中华书局，1981）；梁治平：《寻求自然秩序中的和谐：中国传统法律文化研究》章十、章十一。

要目的;家族制度方面,流行大宗小宗和立嫡立长诸观念,财产分析则常守“同居共财”之原则。在此领域之外,礼的影响也明晰可辨。比如,礼最重丧葬与婚娶二事,故民间遇此等事最为隆重,贫苦之家为预筹资金而结成“孝义会”、“媳妇会”的习俗亦甚普遍。在土地的划分、占有、使用和转让诸方面,“阴地”恒为一重要概念。财产中的“祖遗”观念和“共财”思想,对一些重要的土地交易形式有或隐或显或大或小的影响,宗族之间相恤相助之义于某种借贷习俗的确立亦非无关紧要。至于习惯法建构上的“关系”(伦序)概念与解纷过程中的“和解”(中庸)观念,更是习惯法浸淫于礼乐精神的著例。只是,礼对于习惯法的后一种影响过于普泛和隐蔽,不易为人所意识罢了。

自然,就其具体表现形式而言,这里讨论的礼不是一般古典文献中所指称的礼,它们是所谓“俗礼”,是小传统的一部分。这种礼可以被视为“大传统”中礼的对应物,既是历代统治者提倡和推行教化的某种产物,又是乡民在长期生活实践中的创造物。“俗礼”因此而保存一种复杂特征:面貌上具有十足的地方特性,精神上却不乏与古礼相通之处。这些正是值得我们注意的地方。恰如了解习惯法有助于认识社会生活中实际的法律一样,对“俗礼”的研究将帮助人们了解古代日常生活中的“礼”,传统上礼与法关系的问题亦将因此而获得更加丰富的内涵。[1]

---

1 在最近的一次交谈中,深圳行政学院社会发展研究所的蒋庆先生就礼与习惯法的关系问题征询于我,“余论”中的这一节就是因为这些问题而引出的。

一般说来，本世纪初以移植“泰西”法制为目标的法律改革标志着中国法律史上的一次根本转折。不过，如果作更细致的区分和观察，则不难发现，这场革命性改造在国家法和习惯法上有不同的表现方式和结果。大体上说，对于国家法的改造相对容易和彻底，事实上，这种改造用了大约30年时间既已基本完成。标志着这一完成的乃一套现代法典和法律设施的建立。至习惯法则不然。虽然在上述过程中，通过广泛的调查和采用，习惯法被有意识地在现代意义上予以改造、吸收，其与国家法之关系亦被重新调整，它仍相对完整地延续下来，并继续在民间的社会和经济生活中发挥重要作用。这种情形已经为1930年代和1940年代的大量社会学及人类学调查所证实。习惯法所以保有如此顽强的生命力，部分源自其身为小传统的性质，部分则是因为它赖以存在的社会生活尚未被在根本上改变。这一点也为最近50年的历史从不同方面证明。

在中国大陆，自1950年代以后，随着国家政权对于社会生活全面控制的确立以及社会生活（尤其是其中的社会和经济制度）面貌的彻底改变，作为一种制度的习惯法逐渐消失了。[1] 颇具戏剧性的是，在1970年代末实行新的经济政策以后，一些我们熟悉的习惯法上的制度也和其他一些旧制度一道重新出现。而且，它们不只是作为历史遗留问题重新被提出，同时也被用

1 经历了1950年代的各种社会和经济改造运动之后，这一过程即告完成，只有一些过去的痕迹残存，如亲友或“单位”同事之间互助性的合会。当然，在较为偏僻的乡村，旧的习俗保存得更多一些。关于50年代以后，旧的习惯法逐渐消亡以及其中个别因素残存情况，目前尚未见有人研究。

作满足当下需求的新的手段。如城市中的房屋典当,现有案例不仅涉及数十年前的旧案,也涉及新的典权设定。[1] 又比如各种形式的民间借贷。根据一份调查材料,1980 年代以来,农村的民间借贷日益增多,其形式主要包括一般“自由借贷”、“银背和私人钱庄”、“合会”、“民间集资”、“新兴金融组织”、“民间商业信用”、“典当业”等。[2] 这些民间借贷大多与传统借贷方式有直接或间接的联系,其贷款用途和计利方式等也是相当传统的。显然,只要其赖以存活的社会条件具备,习惯法就能够发生作用,反过来,传统习惯法本身所具有的灵活性也有助于它适应不尽相同的社会环境。当然,习惯法在今天社会生活中的作用和它与国家法的关系等问题,还有待于作深入和系统的研究。

在结束本文以前还可以作一点说明。

最近几十年的历史研究一面转向社会史,一面更注重区域

---

1 涉及“旧案”的事例参见“师和盛诉孔祥才房屋典当回赎纠纷案”,载《中国审判案例要览》(1992 年综合本)页 581—585(北京:中国人民公安大学出版社,1992)和“徐树英等诉李金生等回赎未定期限的出典房屋纠纷案”,载《人民法院案例选》(总第 8 辑)页 69—73(北京:人民法院出版社,1994)。涉及新设定典权的事例参见“金德辉诉佳木斯市永恒典当寄卖商行抵押借款纠纷案”,载《人民法院案例选》(总第 4 辑)页 75—81。“杨春风,李俊香诉李雅文、邬铁权典当已设定抵押的房屋行为无效纠纷案”,载《人民法院案例选》(总第 6 辑)页 71—74。

2 详见邓英淘等:《中国农村的民间借贷》,载《战略与管理》,1995 年第 1 期。值得注意的是,即便是传统的民间借贷形式,其复苏也具有新的时代意义。比如,合会组织成为一种规模庞大和营业额巨大的金融机构,以至国家视为非法予以取缔。(详见《郑乐芬、蔡胜南利用“抬会”进行金融投机倒把案》,载《人民法院案例选》(总第 1 辑)页 17—20。此外,上引文中也有私人钱庄被取缔之例)。如果我们不是简单地站在国家法立场去看待各种民间借贷形式的话,后者的复杂性与合理性或者较易被发现。总之,这是一个值得认真研究而不应简单予以褒贬的问题。

性,业已取得了显著成就,其方法论上的重要意义亦不待言。本书由法律社会学的立场去观察和探究法律史,得益于经济社会史研究处甚多,这从本书引用的资料即可以看出。然而恰如本书标题所表明,这毕竟不是一种区域性研究。我所以采取这样的方法或进路,并不表明对区域研究的重要性认识不足,而主要是因为,首先,我相信有所谓"清代习惯法"存在。这种习惯法并非存在于各个地方的习惯法之上之外,而是贯穿其中,换句话说,在不同地方的和依特定时空、特定情势发展出来的无数"乡例"、"土俗"、"俗例"背后,有一种起着支持作用的更大、更完整的习惯法传统,我们可以而且应当把各地杂多的习惯置于此更加一致的背景下来考虑。如果说,区域研究对于我们了解清代习惯法是必不可少的,则一般意义上的清代习惯法研究也有其不可替代的重要性。毕竟,本书所讨论的那些社会的、经济的和法律的现象都不仅仅具有地方意义。其次,法律史虽然是一门颇有传统的学科,习惯法的研究基本上仍付阙如。在此情形之下,从对于习惯法等一般问题的研究入手也许不失为一种有益而且可行的做法。实际上,本书也不曾空洞地谈论所谓习惯法,而是试图在习惯法的一般性与其地方差异之间寻求适度的平衡。我相信,未来的研究将包括各种区域研究的课题,它们会加深我们对于历史上习惯法的认识。同时我也相信,真正富有成效的区域研究,只有在研究者抱有某种全局性认识的情况下才是可能的。至少,这种强调区域研究与一般性研究之间互动关系的模式是适合于中国历史上的习惯法研究的。

跋

不久前出版的《日本中青年学者论中国史》(宋元明清卷)一书,收有东北大学法学教授寺田浩明讨论清代土地法秩序"惯例"结构的文章(以下简称"惯例")。从内容上看,寺田所谓土地法上的"惯例",正是本书讨论的习惯法的主要部分,然而,同样明显的是,这两篇文章切入问题的角度以及最后得出的结论并不相同。

读到寺田这篇文章的时候,本书尚未付梓,我还来得及在为本书撰写的"导言"里提及寺田的一二种观点,不过,正如读者诸君所见,囿于"导言"所涉问题的范围,寺田本人的观点在那里完全未能展开。这实在是一件令人遗憾的事情。

说来也巧,就在那篇"导言"写成之际,我又收到现在日本九州大学法学部执教的王君亚新刚刚译成寄来的两篇文章,其中一篇是寺田浩明的"日本的清代司法制度研究与对'法'的理解"(以下简称"司法制度"),另一篇是我在"导言"里也提到其人的岸本美绪的“明清契约文书”(以下简称“明清契约”)。这两篇文章,连同前面提到的寺田的文章,不但具有密切的内在关联,而且较好地反映了过去二三十年间日本明清法制史研究的主要成就,以及近年来出现于这一领域的一些值得注意的研究动向。读后颇多感想。下面仅就这三篇文章所提供的观点和线索,选择其中与本书论及的主要问题关系密切者,作一点初步的讨论。

这三篇文章里面,除寺田关于清代土地法上“惯例”结构的研究以外,其余两篇都是介绍性的文字。不过,即使是寺田的“惯例”一文,也是以对前人相关研究的总结和介绍开始。事实上,这三篇文章,尽管其性质和所讨论的问题不尽相同,但都表露出一种很强的意识和倾向,即通过梳理学术传统而将自己的研究自觉地建立在前人已经取得的成就之上。在比如寺田的两篇文章里,问题的提出和进一步讨论,都以滋贺秀三有关清代法制的系列研究为前提,因此,在讨论寺田本人的观点以前,本文不能不先对滋贺的研究稍加考察。

根据清代司法制度,法律的审级与法定刑罚的轻重相对应。大体说来,处刑在笞杖以下的案件由州县自行处理,是为州县自理案件;处刑在徒以上的案件,则分别轻重由省和中央(刑部)来决定;死刑由皇帝核准。与这种划分相应,州县自理案件涉及的大多是“户婚田土钱债”一类在官府看来不甚重要的事务,若是“命盗重案”,处刑既重,就只能由更高级的官司来处断了。那么,当时审判的情形又是怎样呢?按照清朝法律规定,官员在判决案件的时候,必须要引用相关的法律条文,否则将受到处罚。不过,滋贺和其他一些学者的研究表明,虽然在“命盗重案”的审判方面,援引法条的做法十分普遍和严格,但在州县自理案件中,这种情形却甚为少见。事实上,州县官在审理民间词讼时依据的主要是“情理”而非成文法,这种以自由裁量为基本特征的审判与上面提到的有关“命盗重案”的审判形成了鲜明对照。这是否意味着,清代的法制缺乏内在的统一?滋贺的回答是否定的。

根据滋贺的看法,清代的立法与司法,实际上都是围绕着“皇帝的意志”展开。从根本上讲,成文法乃统治机构内以官吏为控制对象的内部规范,也是王者治理天下的工具。因此,官吏必须严格地引据法律,皇帝却可以在成文法之上对案件作自由的判断。事实上,皇帝新作出的判断本身就是成文法(由“例”逐渐到“律”)生成的基础。这种反映王者治理天下意志的法和审判,乃统治者为保持人间世界和谐而针对扰乱秩序行为采取的适当处置及其程序,是行政活动中的一环罢了。

在另一方面,虽然在州县自理审判实践中地方官不引照律例,成文法却依然享有高度权威。关键在于,在古代中国人的心目中,“法”并不是与个别主义的“情理”不同的东西,它实际是明确化和被赋以强制性的“情理”的核心部分。借用滋贺形象说法,成文法不过是漂浮在“情理”大海中的一座冰山而已。于是,人们就得到这样一幅图景:古之统治者、审判者,上至皇帝,下至地方官,其实都扮演着同样的角色。他们同样是通晓

“情理”的君子，同样“为民父母”，同样对改善“风俗”负有全面责任。他们的关系或相互位置可以显示为一种同心圆似的图形，同时又体现在官僚制的垂直型组织之中。

如此表现出来的秩序与西洋社会中的秩序有着明显的不同。由于纠纷的解决具有要求符合“情理”这样一种个别主义的特征，可以说在旧中国的审判中并不存在所谓客观普遍的、强制性的规范，即西洋意义上的法。反过来看，旧中国的“法”是一种不被普遍适用也未必违反其自身价值指向的特殊规范，“法”从根本上就内在地具有不一律适用的特殊性质。

然而，这样一种判断所涉及的已经不只是国家法律的统一性问题，它还潜在地关系到一种秩序乃至一种文明的基础。事实上，滋贺通过对“习惯法”问题的研究，已把他在考察官方审判时获得的观点进一步扩展到社会领域。滋贺指出，在西洋的历史和语汇中，“习惯法”指的是虽不成文但是客观地存在于社会中的“活的”规范。就这种意义上的“习惯法”而言，旧中国的官吏在审判时是否引用其作为依据其实并不能成为问题，因为中国社会原本缺乏这种客观存在着的可供他们引用的规范。所以，不但可以说旧中国的国家制定法不具有西洋法那种作为客观规范的神圣化含义，而且还可以说在社会的任何地方都找不到以这种形式存在的规范。作为行为准则的判断标准始终只存在于每个人的胸中，缺乏任何制度性安排和程序把这种主观的规范从制度上还原为客观的、外在的或具有可视性的法，不仅如此，中国文明本身对这样的制度性努力就不提供价值支持。

以上是根据寺田的“司法制度”一文对滋贺有关研究的一个粗略叙述。可以看出,贯穿于滋贺关于清代法研究的一种倾向,是以西洋法为比照,努力从整体上去把握作为一种独特形态的中国古代法律和秩序。这种研究立场和策略是我相当熟悉的。甚至,我们有时是循着同样的路径去寻找对中国古代法内在统一性的说明。因此,如果我们注意到同样的“事实”,并且得出相近的结论,那也不足为奇。不过,根据上面的转述,我想可以针对滋贺两个主要结论提出下面的问题。

第一,通过对成文法对于皇帝和官吏所具有的不同意义,以及情理与成文法的关系等问题的讨论,滋贺指出了中国古代法内在的统一性,这种统一性建立在一种有别于西洋法的、具有个别主义特征的法律观之上。这个结论无疑是发人深省的。但在另一方面,对中国古代法这一特质的强调似乎有简单化的倾向,结果,统一性里面的差异可能就得不到应有的注意和说明。比如,同样是国家官吏,为什么地方官在审理民间词讼时能够作“自由裁量”,而审理“命盗重案”的官员却要严格地适用律例?反过来,既然皇帝和地方官都可以依“情理”来决断案件,为什么同样的原则不能够贯彻在“命盗重案”的日常审判当中?又比如,尽管在理论上,皇帝可以不受成法约束而对案件作完全自由的判断,但实际上,与州县自理审判中的地方官相比较,他受到限制要大得多。应当指出,诸如此类的差异不是没有意义的,反过来说,这些现象也不是互相矛盾的,它们甚至能够更好地表明中国古代法的内在统一。[1]

第二,滋贺把思考的范围,由官方的审判扩大到整个社会,从一般规范而不只是成文法的角度去把握古代社会秩序,这种做法无疑有助于深化我们对问题的认识。但是,从他最后得出的结论来看,有些问题同样被简单化了。首先,正像官方审判和国家法内部存在着差异一样,民间狭义的习惯法与宗族法、行会法等相比(更不用说民间法与国家法相比)也有这样那样的区别,因此,在讨论社会规范问题时不考虑各种不同的法律渊源及其差异,恐怕是不恰当的。其次,官吏在进行审判时不引用"习惯法"之所以"不成为问题",很难说是因为它们不具有"客观性",而首先是因为它们在官吏眼中根本就不是"法"。最后,把文化的因素考虑在内,中国古代当然不存在西洋法意义上的规范意识,但是因此认为中国社会完全不存在具有客观意义的规范,进而断言作为行为准则的判断标准始终只存在于每个人心中,没有任何安排和程序把这种主观的规范制度化为客观的、外在的或具有可视性的法,这就显得过于极端了。实际上,客观性有着各种不同的表现形式,只有从西洋法的单一视角去观察问题,才可能得出上面那种极端的结论,而这种做法与滋贺视中国古代法和秩序为不同于西洋法的另一种类型的

1 我曾在更大的背景下讨论过同样的问题,而且,我的研究与滋贺的研究也有非常近似的地方,不过,我们对于中国古代法统一性的说明不完全相同。有关这一问题的详细讨论,可以参见梁治平:《寻求自然秩序中的和谐:中国传统法律文化研究》,尤其是其中第9—12章。较简短的总结,可以参见梁治平:《中国古代法概说》,载梁治平:《法意与人情》。

初衷是相违背的。

寺田文章的最后一部分介绍了现阶段两种新的研究动向。

第一种动向是在滋贺有关州县自理审判的研究的基础上，进一步考察民间解决纠纷的机构、方式等与国家官僚制度的结合，比如岸本美绪在“从《历年记》看清初地方社会的生活”一文中所作的研究。这方面的研究表明，民间调解与官府审判应被视为同样性质的纠纷解决方式，因此，它们并不意味着国家与社会的区别对立，两者的差异只表现在“情理”判断的高低、作出判断的人物所享有的权威的程度，以及这种判断的影响力大小等方面。当然，寺田也指出，在具体研究过程中，不必拘泥于这种强调连续性、同质性的印象，也不可能停留在这种单纯的图景上，需要深入探讨的地方很多。

事实上，讨论社会与国家的关系，只考察“民间调解”与“官府审判”的结合部也是不够的，应当把考察的范围一直扩大到整个“民间法”与“国家法”的关系方面，把上面提到过的民间法方面和国家法方面以及二者之间的各种差异因素一并考虑进来，这样，社会与国家的关系就不是静止和单向的，而是变动的、多面的和复杂的。即使仍然借用强调“秩序原理”的同心圆比喻，我们也应当把它想象成彩色的而不是黑白的。这就像是一幅用点彩法画成的图案，色彩由浅入深，逐渐过渡，以至人们虽然可以从内外两端辨识出不同的色带，但是无法用一条黑白分明的线条把它们划分开来。不仅如此，在由无数细小色块而非单一色彩构成的色调中，即使是内外两端的色带也彼此包含有对方的因素。最后,无数跳动着的色块在时间的流淌中不断改变着不同色调之间大小浓淡的对比,构成一个个变化的图案。

寺田所指出的第二种研究动向不再关注解决纠纷的主体或机构,而是尝试着从规范的角度来接近问题。正如我们所见,这一研究方向也是由滋贺教授所开创的,而在“惯例”一文当中,寺田本人沿着这一方向作了更进一步的探讨。

滋贺在其研究中指出,清代地方官府和民间(包括村落、行会、宗族等)的“民事审判”全都不以成文法或习惯法一类社会规范的客观存在为前提,而以西洋式的法的定义,即审判时所适用的带有强制性的规范来看,惯例不属于“法”,至少不是西洋法体系中的“习惯法”。不过,当时社会中到底存在着一般称之为惯例的非审判的内容,滋贺承认其为“非争讼性习惯”。只是,他没有就此作更深入的研究。在寺田看来,无论如何,惯例仍是一种社会性的存在,而且,即使它没有作为规范应用于审判,仍然是某一地域社会中维持民事秩序、维护民事行动的标准。因此,需要探究的问题就是,那些并不表现为西洋式的“法和审判”形式的带有规范媒介性质的民事秩序是依据于何种结构存在和发展的呢?反过来说,使这些惯例得以存在的“社会”又是怎样一种情况呢?为了回答这一问题,寺田分别从官和民两个方面来考察惯例。

从“官”的方面看,首先,官对惯例具有能动作用,即不但可以在审判时把某种惯例斥为恶习而不予考虑,而且可以通过布告、立碑等方式主动去革除被其视为“弊端”的惯习。其次,官并未把民事惯例问题当作(法学对象)民事“法”的一个特殊领域来对待,而是从道德风纪方面考虑问题。地方官负有全面改善风俗的责任,他们介入民事惯例即为此。最后,地方官对于惯例虽然起到了不小的作用,但他们既不拥有绝对的权力也无法彻底实行其禁令,他们的行为始终只是一种“介入”,换言之,民间惯例始终存在于他们的外侧,他们只不过对之施加某些影响而已。

从“民”的方面看,也可以注意三点。第一,许多纠纷和冲突的实例表明,要确定地判断惯例实体是否存在是很困难的。因此,与其说是以客观存在某种规范为前提去设想“遵守”或“违反”两种相反的行动类型,还不如说存在另外两种情况,即一方面是合乎近于公认惯例的行为,另一方面是虽无公认惯例的支持,但个别人认为有理由的行为。在这两种情况之间又存在各种各样的类型。实际情况则比预想的更加复杂。第二,民间形成的惯例没有制度性的保障,即没有一个制度性的、客观的组织来发挥功效,如制定规范、约束个人和使之得到遵守。它不过是以“理”为主,从个别行为开始,因人们的认可而逐渐扩大和蔓延,形成“风气”,并像风一样流行和推移。第三,由于惯例根本上缺乏制度化,所以不能提供社会的安定感,以至常有要求官府通过告示和立碑来确定惯例的事情发生。但是,正像前面所指出的,官府的能力终究是有限的。因此,清代的民事惯例最终只能是混进范围更广的一般“风俗”中流行。

通过上面的分析，寺田最后得出的结论是：在清代的民事秩序中，官民双方都缺乏“规范的成文化”设施，因此，尽管存在着惯例这种一般性行动类型，但是无论官、民，在习惯法书的编纂、裁判的援用和判例法的形成上都不具有足够的成文化和操作化。而从社会实际状况来看，惯例自身是否存在并不明确，而且在交界处不但特定权利归属问题，就是这些权利存在与否都不明了（如田底田面惯例），以至人们只能按自己的希望行动，然而，个别的成功并不能产生客观的规则，即使“约定俗成”、“比户成风”，也不能保证事情整齐划一地进行。反过来，个别的“脱逸”行为可能成为下一次“成风”的契机。总之，西欧那种巩固的团体及其组织原理和共有规范的“法”秩序在这里并不存在。

寺田的这篇文章讨论了许多重要问题，其中的一些分析和论述也可以拿来与本书的有关讨论相参照。只是，囿于篇幅，许多问题无法在此展开。下面只谈几点商榷性意见。

寺田的文章总体上给人一种印象，即清代所谓民事秩序内部充满变化和不稳定，惯例虽在，但那与其说是指导人们行为的规范，不如说是人们彼此厮杀的场域，正如滋贺在谈到规范问题时所指出，作为行为准则的判断标准始终只存在于每个人心中，缺乏任何制度性安排和程序把这种主观的规范从制度上还原为客观、外在或具有可视性的法。在这种情况下，我们对当时是否存在所谓民事秩序也深感怀疑。然而，清代民间社会秩序是真实存在的。寺田在其文章结尾处也承认，清代社会已不是单纯的未开化社会，它在日常社会生活上远远超过面对面的范围，是一个大规模的社会。不仅如此，在那里，相当程度分化了的民事契约的诸多类型同时并存和起作用。这样一个社会通过这种方式得以运行，至少大体上还能维持民事秩序，这本身是应该由法制史研究解决的一个谜。那末，应当如何解释寺田的上述讨论和结论呢？

就其具体论说而言，寺田的许多分析并没有错，他所达到的结论，如果加以限制，也颇具启发意义。然而，他最后的结论，也像我们在滋贺那里所见到的一样，似乎是过于极端了。造成这种局面的原因，除了作为其研究出发点的滋贺的影响，更主要的恐怕是方法上的和材料上的。

在方法方面，寺田是以某种西洋式的“法”的定义作为参照来观察和描述清代民事惯例的特征，而他所采用的“法”的定义，一个形式化、实在化甚至神圣化的“法”的定义，即使在西方法理学上也是相当狭隘的。当然，作为一种研究策略，这种方法若是运用得当，应是具有建设意义的。但这里的问题是，这个狭义的和西洋式的“法”的定义成了一个评价清代民事秩序的潜在判准，结果只能导致一系列否定性结论，如清代民事惯例不具有客观性、不能制度化、没有确定性和稳定性，因此不是可以在乡民之间分配权利、义务和指导其行为的规范，也根本不成其为“法”，等等。如果把这些判断严格限制在上述狭义的“法”的定义内，它们是能够成立的，但是这样做又是意义不大的，因为在此狭义的“法”的定义之外，还有其他许多种“客观”

形式、“制度”形态，这些不同的制度形态也具有或大或小的确定性和稳定性。当我们谈论不同类型的文明和秩序时，不正是要充分考虑这些因素吗？应当承认，寺田关于惯例由个别行为中产生、逐渐演成风习，而脱逸的行为又可能成为下一次“成风”的契机的分析是对的，但这并不表明当时的民事惯例（就比如田底田面习惯）总是处在变动不居的状态之下，甚至不能证明这些惯例因此便不具有“法”的性质。事实可能相反，这种规范与行为之间界限不清的情形，恰好是习惯法所固有的性质，[1]而且，尽管具有这种性质，习惯法依然可能长久地为一个社会提供稳定的秩序。说到底，在一个这样的社会里面，由于各种各样的原因，因为不承认既有惯例而发生纠纷的情形即使每天都在发生，也毕竟是少量的和边缘性的。问题是，寺田在其文章中借用来观察民间惯例性质的材料基本都出自官府档案和文告（包括中央刑部档案），而这类材料绝大部分与诉讼有关。我们能够在这些材料的基础上去想象一幅完整的清代民事秩序的图景吗？

这里，还可以附带提到另外两个问题。第一个问题与中国古代法的多元性有关，这种“多元”不但表现于民间法与国家法之间，也表现在民间法和国家法之内。上面已经提到各种不同法律渊源之间的差异及其意义，在讨论清代民事惯例问题时，考虑这些因素也是必要的。尽管作为一种研究策略，我们可以

1 关于这个问题，可以参见昂格尔：《现代社会中的法律》页43—44，吴玉章等译（北京：中国政法大学出版社，1994）。

选择一个特定问题展开讨论，如本书以习惯法为研究对象，但事实上，清代的民事秩序是在习惯法与包括宗族法、行会法和国家法（不仅仅是州县自理审判）等多种法律渊源持续相互作用的过程中实现的。讨论惯例的规范性质，同样要把这些不同法律渊源的各种性质和特征考虑在内。

第二个问题涉及惯例在审判中的位置。滋贺的观点是，清代的民事裁判，无论官方的还是民间的，都不以惯例为"法"，即不作为强制性规范严格地加适用。他的这种看法成为寺田作进一步研究的基础。但是这一判断恐怕也只有在采取上述狭义的和西洋式的"法"的定义时才是没有问题的。实际上，如果放弃这样一种立场，我们就会发现，清代的民事惯例，无论是在日常生活的指导方面，还是在解决纠纷的调处、裁断过程中，都远不是可有可无的。寻求合乎"情理"的解决，并不意味着无视已经存在的惯例，恰恰相反，合乎"情理"的解决只有在充分考虑和尊重惯例的情况下才是可能的。有大量实例表明，官府对于主要建立在民事惯例基础上的民间秩序通常是认可的，甚至在有些场合，由于这类惯例的根深蒂固，官府即使不情愿也要作出让步。同样，在乡民的生活世界里，当那些"约定俗成"、成为风习的惯例最后被作为"规"、"例"（注意，这是一些含有"法律"意味的字眼）接受下来的时候，它们纵然不能够杜绝争执和纠纷，也未能被整齐划一地适用，却足以为日常生活世界提供一个秩序的轮廓了。因为，它们构成了社会制度的一部分，它们也并不缺乏客观性。我们要研究并且提供解释的，正是这些制度如何形成,如何运作和如何可能这样一类问题。

岸本美绪的"明清契约"一文是一篇出色的综述性文字。在这篇文章的最后两个部分,岸本简明扼要地为我们介绍了晚近一二十年里面有关明清契约研究(以日本为主)的两个重要方面的情况。第一个方面涉及研究的方法,第二个方面主要与特定的研究对象有关。这两个方面牵涉的问题非常广泛和微妙,要在这里一一探讨是不可能的,因此,我只能提到一些最有意思的东西,以与本书所讨论的问题相对照。

据岸本介绍,1980 年代以来,出现了一种以当时人们的观念世界作为分析社会结构的中心的所谓现象学方法或主观主义方法。表现在明清契约研究方面,则有立足于中国农民、地主等主体日常使用的类别称呼以及他们在日常生产活动中获得的认识对契约关系进行分类和加以体系化整理的主张。寺田浩明对于"业"、"典卖"、"租佃"、"包"、"雇"等一系列清代流行的基本概念的研究,草野靖对于"分种"和"租种"等概念的区分和探究,都表现了这样一趋向。这种尝试同时也表明了一种知识上的自觉。正如草野靖所说:"讨论中国租佃关系的结构意味着把租佃关系内在的种种重要范畴抽象出来并弄清它们之间的结构。立足于西欧社会土地关系的各种范畴来讨论中国的租佃关系是不行的。这样的方法说到底不过是从中国有关租佃关系的种种现象中找到与西欧相似的东西,再按西欧土地关系的框架加以排列而已。"关于这类问题,我曾在其他地方作过较为深入的讨论,[1]我也曾在本书以及以前的研究中作过同样的尝试。我承认,这种尝试无论如何必要和有益,以它现在所取得的成绩来说,距离对中国古代社会的完整说明还有很长一段艰难的路要走。我也很同意岸本氏的看法,即当时人们对各种契约关系的认识并不是从单一角度达到单一理解,也不一定成体系。对同一现象可能同时存在多种解释,而不同范畴织成的多层解释之网又重叠交错,每一种解释之网都不能单独覆盖契约关系的全部。毕竟,中国社会完全不象西欧社会,后者在历史上一直拥有强大的法学传统,以至其社会生活受到这一传统强有力的塑造。这里的情况要更加复杂。

岸本的最后一个问题与上面讨论过的寺田的末一个问题有关:在明清社会,契约关系的秩序靠什么来支撑?在岸本提到的研究里面,有对于"中人"、"保人"、"面子"等角色和问题的讨论,这些问题在本书也得到一定的关注和讨论。不过,就我闻见所及,对于这方面问题的研究还有待于深入。我想指出的是,这方面认识的不足不但反映出我们对于清代社会实际的缺乏了解,而且表明了我们通常所采取的一个外在于中国历史、文化和社会的立场的不合适。因为,只有超越(并非简单放弃)了这种外在的立场,逐渐深入到中国社会的内部,我们才可能面对其中真实的问题,并且一点点获得有意义的答案。

以上就是我在读完寺田与岸本两位教授的文章之后想到

1 参阅梁治平:《法律的文化解释》。

的一些问题。由于资料上的限制，我不敢说对于我所引用的观点和看法都有全面的了解，而因为篇幅和时间的缘故，我也不能说这里的讨论已经充分展开，更不能说本文所提到的问题业已包括了上述三篇文章中所有值得注意和探讨的问题。我希望，这篇在本书已经付梓的情况下匆忙写成的"跋"，是一个"对话"的开始。

1996 年 6 月 18 日

再版后记

拙著自1996年出版至今，已过去将近二十年了。时光流逝，我当初关注的问题，如习惯法、民间法。小传统，以及传统法秩序的多元性质等，如今不但为学界耳熟能详，而且也得到了更多面、更深入的讨论。近年来，随着跨领域、跨学科对话的展开，新材料尤其是地方司法档案的发现，以及更多相关研究的开展和出版，综合既有研究，推进和深化对传统中国法律与社会的理解，这样的前景应当是在期待之中。当此之际，拙著的重新印行，或者正逢其时。

拙著问世之后，在国内曾经引领一时风气，在域外同道中间亦不乏积极回应。只是，拙著自1999年重印之后，迄未再版，以至于今天欲求此书者，只能在网上搜到店家自制的复印本。造成这种情形的一个原因，是我对再版旧著既无热情，亦少动力，此次若非广西师范大学出版社范新先生再三敦促，再版之事恐怕还是遥遥无期。借此机会感谢范新，也感谢负责编辑拙著(不止这一种)的徐婷和向雳,感谢她们为出版拙著所做的一切。

这次再版,除了把旧版书名《清代习惯法:社会与国家》改为现在的书名,还改正了拙著初版时的误植,并有少量字句上的修改。书前所附清代民间契约文书图录,系由旧版图录扫描制成,其清晰程度不如原图。因为原件不存,要解决这个问题,最便捷的办法,是另择几件民间文书来替换。不过,我宁愿保留这些不够清晰但是独具意义的图录,以此纪念这些图版原件的提供者,藏书家及法史研究者田涛先生,一个正派、热情、直率但却过早离世的朋友。

二零一五年一月十一日

农历甲午冬月廿一

写于西山忘言庐

参考文献

一、中文部分

安守廉(1994):《不可思议的东方? 昂格尔运用与误用中国历史的含义》,载高道蕴等编:《美国学者论中国法律传统》(北京:中国政法大学出版社,1994)。

岸本美绪(1993):《明清契约文书》,载滋贺秀三主编《中国法制史——基本资料的研究》王亚新译,未刊稿。

昂格尔(1994):《现代社会中的法律》,吴玉章、周汉华译(北京:中国政法大学出版社,1994)。

杰弗里·巴勒克拉夫(1987):《当代史学主要趋势》,杨豫译(上海:上海译文出版社,1987)。

D.布迪,C.莫里斯(1993):《中华帝国的法律》,朱勇译(南京:江苏人民出版社,1993)。

陈宏谋(1886/1991):《咨询民情土俗谕》,载《清经世文编》卷二十(北京:中华书局,1991年影印本)。

陈鹏(1990):《中国婚姻史稿》(北京:中华书局,1990)。

陈盛韶(1983):《问俗录》卷三,(北京:书目文献出版社,1983)。

陈支平(1992):《清代福州郊区的乡村借贷》,载叶显恩主编:《清代区域社会经济研究》(北京:中华书局,1992)。

戴炎辉(1979):《中国法制史》(台北:三民书局1979)。

德利克(1993):《近代中国的市民社会/公共领域》,载《中国社会科学季刊》(香港)1993年总第四期。

杜赞奇(1994):《文化、权力与国家》,王福明译(南京:江苏人民出版社,1994)。

费孝通(1985):《乡土中国》(北京:生活·读书·新知三联书店,1985)。

费正清编(1985):《剑桥中国晚清史》(北京:中国社会科学出版社,1985)。

冯尔康(1994):《中国宗族社会》(杭州:浙江人民出版社,1994)。

格尔巴特(1926/1989):《中国的祸根》,载沙莲香编《中国民族性》(北京:中国人民大学出版社,1989)。

葛希芝:《中国的二重生产方式》,载叶显恩编:《清代区域社会经济研究》(北京:中华书局,1992)。

沟口雄三(1994):《中国与日本"公私"观念之比较》,载《二十一世纪》1994年2月号。

哈贝马斯(1995):《公共领域》,载甘阳主编:《社会主义:后冷战时代的思索》(香港:牛津大学出版社,1995)。

韩格理(1990):《中国社会与经济》,张维安等译(台北:联经出版事业公司,1990)。

黄宗智(1986):《华北的小农经济与社会变迁》(北京:中华书局,1986)。

黄宗智(1992):《中国农村的过密化与现代化:规范认识危机及出路》(上海:上海社会科学院出版社,1992)。

黄宗智(1995):《国家与社会之间的第三领域》,载甘阳主编:《社会主义:后冷战时代的思索》(香港:牛津大学出版社,1995)。

霍贝尔(1993):《初民的法律》,周勇译(北京:中国社会科学出版社,1993)。

吉尔兹·克利福德(1994):《地方性知识:事实与法律的比较透视》,邓正来译,载梁治平编:《法律的文化解释》(北京:生活·读书·新知三联书店,1994)。

江庸(1987):《五十年来中国之法制》,载《最近之五十年》(上海:上海书店,1987)。

金耀基(1992):《中国社会与文化》(香港:牛津大学出版社,1992)。

柯文:(1991):《在中国发现历史》,林同奇译(北京:中华书局,1991)。

李文治编(1957):《中国近代农业史资料》(北京:生活·读书·

新知三联书店,1957)。
李文治(1993):《明清时代封建土地关系的松解》(北京:中国社会科学出版社,1993)。
李志敏(1988):《中国古代民法》(北京:法律出版社,1988)。
保罗·利科(1992):《法国史学对史学理论的贡献》,王建华译(上海:上海社会科学院出版社,1992)。
梁启超(1984):《梁启超哲学思想论文选》(北京:北京大学出版社,1984)。
梁漱溟(1987):《中国文化要义》(上海:学林出版社,1987)。
梁治平(1986):《"法"辨》,载《中国社会科学》1986 年第 4 期。
梁治平(2013):《寻求自然秩序中的和谐:中国传统法律文化研究》(北京:商务印书馆,2013)。
梁治平(2004):《法意与人情》(北京:中国法制出版社,2004)。
梁治平(1998):《法律的文化解释》,载梁治平编:《法律的文化解释》(增订版)(北京:生活·读书·新知三联书店,1998)。
林端(1994):《儒家伦理与法律文化》(台北,1994)。
林咏荣(1976):《中国法制史》(台北:1976》。
刘志伟(1992):《清代广东地区图甲制中的"总户"与"子户"》,载叶显恩主编:《清代区域社会经济研究》(北京:中华书局,1992)。
马凌诺斯基(1994):《原始社会的犯罪与习俗》,夏建中译,(台北:桂冠图书公司,1994)。
马士(1932/1995):《中国行会考》,载彭泽益主编:《中国工商行会史料集》(上册)(北京:中华书局,1995)。

马伯良(1994):《唐律与后世的律:连续性的根基》,霍存福译,载高道蕴等编:《美国学者论中国法律传统》(北京:中国政法大学出版社,1994)。

孟德斯鸠:《论法的精神》,张雁深译(北京:商务印书馆,1982)。

密公斡(1936):《典当论》(上海:商务印书馆,1936)。

《民商事习惯调查报告录》(台北:进学书局,1969)。

《名公书判清明集》(北京:中华书局,1987)。

彼德罗·彭梵得(1992):《罗马法教科书》,黄风译(北京:中国政法大学出版社,1992)。

《清代巴县档案汇编》(乾隆卷)(北京:档案出版社,1991)。

《清代地租剥削形态》(乾隆刑科题本租佃关系史料之一)(北京:中华书局,1988)。

《清代土地占有关系与佃农抗租斗争》(乾隆刑科题本租佃关系史料之二)(北京:中华书局,1988)。

威廉·琼斯(1994):《大清律例研究》,苏亦工译,载高道蕴等编:《美国学者论中国法律传统》(北京:中国政法大学出版社,1994)。

区季鸾(1934):《广东之典当业》(国立中山大学经济调查处,1934)。

曲彦斌(1981):《中国典当史》(上海:上海文艺出版社,1993)。

瞿同祖(1981):《中国法律与中国社会》(北京:中华书局,1981)。

仁井田陞(1992):《明清时代的一田两主习惯及其成立》,载刘俊文主编:《日本学者研究中国史论著选译》(第八卷·法律制度),(北京:中华书局,1992)。

沈家本(1985):《再醮妇主婚人说》,《寄簃文存》卷三,载《历代刑法考》(北京:中华书局,1985)。

斯密斯(1894/1989):《中国人的特性》,载沙莲香编:《中国民族性》(一)(北京:中国人民大学出版社,1989)。

寺田浩明(1990):《日本的清代司法制度研究与对"法"的理解》,载滋贺秀三等著,王亚新、梁治平编:《明清时期的民事审判与民间契约》(北京:法律出版社,1998)。

寺田浩明(1995):《关于清代土地法秩序"惯例"的结构》,载刘俊文主编:《日本中青年学者论中国史》(宋元明清卷)(上海:上海古籍出版社,1985)。

谭棣华(1993):《清代珠江三角洲的沙田》(广州:广东人民出版社,1993)。

汪辉祖(1886/1991):《学治臆说》,载《清经世文编》卷二十二。(北京:中华书局,1991年影印本)。

马克斯·韦伯(1987):《新教伦理与资本主义精神》,于晓等译(北京:生活·读书·新知三联书店,1987)。

马克斯·韦伯(1993):《儒教与道教》,洪天富译(南京:江苏人民出版社,1993)。

魏安国(1992):《清代华南的土地所有制、赋税制和地方控制》,载叶显恩主编:《清代区域社会经济研究》(北京:中华书局,

1992)。

徐珂(1984):《清稗类钞》册五,(北京:中华书局,1984)。

许倬云(1994):《西周史》(增订本),(北京:生活·读书·新知三联书店,1994)。

杨国桢(1988):《明清土地契约文书研究》(北京:人民出版社,1988)。

杨鸿烈(1930):《中国法律发达史》(上海:商务印书馆,1988)。

杨联陞(1987):《中国文化中报、保、包之意义》(香港:香港中文大学,1987)。

杨念群(1995):《近代中国研究中的"市民社会"——方法及限度》,载《二十一世纪》1995 年 12 月号。

翟学伟(1995):《中国人的面具人格模式》,载《二十一世纪》1995 年 12 月号。

张光直(1983):《中国青铜时代》(北京:生活·读书·新知三联书店,1983)。

张光直(1986):《考古学专题六讲》(北京:文物出版社,1986)。

张光直(1990):《中国青铜时代》(二集)(北京:生活·读书·新知三联书店,1990)。

张晋藩主编(1994):《清朝法制史》(北京:法律出版社,1994)。

张伟仁(1987):《传统观念与现行法制》,载《法学论丛》第十七卷,第一期,1987。

赵文林、谢淑君(1991):《中国人口史》(北京:人民出版社,1991)。

郑秦(1988):《清代司法审判制度研究》(长沙:湖南教育出版社,1988)。

郑玉波(1988):《民法物权》(台北:三民书局,1988)。

郑振满(1992):《明清福建家庭组织与社会变迁》(长沙:湖南教育出版社,1992)。

周远廉,谢肇华(1986):《清代租佃制研究》(沈阳:辽宁人民出版社,1986)。

朱勇(1987):《清代宗族法研究》(长沙:湖南教育出版社,1987)。

二、英文部分

Mark A.Allee(1994),*Law and Local Society in Late Imperial China*.(Stanford University Press,1994).

Mark A.Allee(1994),"Code,Culture,and Custom:Foundations of Civil Case Verdiets in a Nineteenth—Century County Court". in *Civil Law in Qing and Republican China*. ed.by K.Bernhardt and P.C.C.Huang(Stanford University Press,1994).

Bohannan,Paul (1980), " Law and Legal Institutions ", in *The Sociology of Law*. ed.,by Willam M.Evan(The Free Press,1980).

Ehrlich,Eugen(1922),"The Sociology of Law", in *Harvard Law Review* Vol.xxxvl.1992,No,2.

Friedman,Lawrence M.(1984),*American Law*(New York:W.W.

Norton&Company, 1984).

Holmes, "The Path of the Law", in *The Mind and Faith of Justice Holmes*. ed., by Max Lerner (New York, 1943).

Huang, Philip C. C. (1993), "Between Informal Mediation and Formal Adjudication: The Third Realm of Qing Civil Justice", in *Modern China*, Vol, 19 No.3 July 1993, 251—298.

Huang, Phillp C. C. (1994), "Codifiel Law and Magisterial Adjudication in the Qing", in *Civil Law in Qing and Republican China*. ed., by K.Bernhartd and P.C.C.Huang (Stanford University Press, 1994).

Masaji Chiba (1989), *Legal Pluralism: Toward a General Theory through Japanese Legal Culture*. (Tokyo: Tokai University press, 1993).

Mayhew, L.H. (1968), "Society", in *International Encyclopedia of the Social Sciences*, Vol.14 (New York: The Macmillan Company & The Free Press, 1968).

Myers, Raman H. (1982), "Customary Law, Markets, and Resource Transactions in Late Imperial China", ln *Explorations in the New Economic History*. ed., by Roger L. Ransom (New York: Acadermu Press, 1982).

Pospisil, Leopold (1971), *Anthropology of Law*. (Harper & Row Publishers, 1971).

Redfield, Robert (1967), "The Social Organization of Tradition", in

Peasant Society:*A Reader*.ed., by Jack N.Potter.(Boston.1967).

Rheinstein, Max, ed.(1954), *Max Weber on Law in Economy and Society*.(New York, 1954).

Scogin, Hugh T, (1994), "Civill 'Law' in Traditional China: History and Theory", in *Civil Law in Qing and Republican China*. ed., by K. Bernhardt and P. C. C. Huang (Standford University Press, 1994).

Trubeck, David M.(1972), "Max Weber on Law and the Rise of Capitalism", 1972 *Wisc*. L. Rev. 720.

van der Sprenkel, Sybille (1962), *Legal Institution in Manchu China*.(London: The Athlone Press, 1962).

Yang, Martin C.(1945), *A Chinese Village*.(Columbia University Press, 1945).

索　引

Http://e.weibo.com/xinminshuo
E-mail:fanxin@bbtpress.com